Studies in
Contemporary Economics

Manfred Gärtner

Arbeitskonflikte in der Bundesrepublik Deutschland

Eine empirische Untersuchung ihrer makroökonomischen Ursachen und Konsequenzen

Springer-Verlag
Berlin Heidelberg New York
London Paris Tokyo Hong Kong

Autor

Prof. Dr. Manfred Gärtner
Hochschule St. Gallen für Wirtschafts-, Rechts- und Sozialwissenschaften
Bodanstraße 1, CH-9000 St. Gallen, Schweiz

ISBN-13:978-3-540-51685-9 e-ISBN-13:978-3-642-83942-9
DOI: 10.1007/978-3-642-83942-9

2142/3140 – 543210 – Gedruckt auf säurefreiem Papier

Für

LOU, CHRIS, KAI und DENNIS

ohne die ich dieses Buch vielleicht früher abgeschlossen hätte,
ohne die aber das Hohe Kreuz, Ma-Ma-Ma-Mask, Two Bad und Upplands-Väsby
noch heute böhmische Dörfer für mich wären.

Vorwort

Das vorliegende Buch entstand mit längeren, durch Wechsel des Arbeitsortes bedingten Unterbrechungen in den Jahren 1985 bis 1988. Der Schwerpunkt der Arbeiten wurde zu etwa gleichen Teilen an der Universität Basel und an der Hochschule St.Gallen durchgeführt, ein kleinerer Teil während eines Forschungsaufenthaltes am Department of Economics der Harvard University.

Während dieser Zeit hatte ich Gelegenheit, diverse Teile der Arbeit an den Hochschulen von Lüneburg und St.Gallen, an den Universitäten von Aarhus, Bamberg, Kaiserslautern und Stuttgart sowie an der Technischen Universität Wien zu präsentieren und dabei von konstruktiver Kritik zu profitieren. Zwischenergebnisse wurden im *Journal of Labor Research* und der *Review of Economics and Statistics* publiziert und bilden mit Genehmigung der Herausgeber dieser Zeitschriften das Rückgrat der Kapitel 3 und 9.

In diesem Buch steckt weit mehr Arbeit als sein Umfang möglicherweise signalisiert. Sehr positiv wirkte sich deshalb die finanzielle Unterstützung einzelner Phasen dieses Forschungsvorhabens durch die Deutsche Forschungsgemeinschaft und durch den Grundlagenforschungsfonds der Hochschule St.Gallen aus. Diesen Institutionen danke ich an dieser Stelle.

Sehr herzlich danke ich auch meinen früheren und jetzigen Mitarbeitern Ralph Honegger, Heinrich Schwarz, Guido Boller und Carsten Detken für ihre Unterstützung in verschiedenen Stadien dieses Projekts - letzteren insbesondere für die Anfertigung der Abbildungen respektive die Durchführung der Simulationen - sowie dem Berater für empirische Wirtschaftsforschung der Volkswirtschaftlichen Abteilung der Hochschule St.Gallen, Herrn Yngve Abrahamsen, für Rat und Tat bei zahllosen technischen Problemen.

Mein besonderer Dank gilt schliesslich Frau Eva Leemann dafür, dass sie mit Hilfe von WordPerfect 4.2 und einem nicht immer willigen Laserdrucker aus wieder und wieder revidierten, ergänzten und nicht selten chaotischen handschriftlichen Vorlagen ein druckfertiges Manuskript gezaubert hat, das für sich selbst spricht.

Inhaltsverzeichnis

Teil 3: Arbeitskonflikte in der Bundesrepublik Deutschland: Empirische Ergebnisse

Teil 4: Konjunktursteuerung und Exogene Schocks bei zentralisiertem Arbeitsmarkt

Verzeichnis der Abbildungen

Verzeichnis der Tabellen

Einleitung

Streikwellen, wie man sie in der Bundesrepublik Deutschland etwa in den Jahren 1969 und 1984 erlebt hat, veranlassen in der Regel sowohl den fachlich interessierten Beobachter als auch den eher beiläufig Kenntnis nehmenden Laien zu verständnislosem Kopfschütteln. Sofort, und ohne dass dies grosses Nachdenken erfordern würde, drängt sich die Frage auf, warum sich die Tarifparteien denn nicht auf das spätere Verhandlungsergebnis einigen konnten, *ohne* einen letztlich doch für beide Seiten kostspieligen Arbeitskampf durchzuführen? Während es in der Bundesrepublik immerhin nur vereinzelt zu solch scheinbar Unvernunft dokumentierenden Ausrutschern kommt, erscheint die Situation in vielen anderen Ländern der Europäischen Gemeinschaft und des darüber hinausgehenden OECD-Raums weit gravierender. Geläufige Beispiele waren über lange Jahre insbesondere die Wirtschaften von Grossbritannien und Italien.

Das vorliegende Buch beschäftigt sich nun mit der Frage, ob eine derart offensichtlich Irrationalität manifestierende Grösse, wie sie Arbeitskonflikte darstellen, überhaupt einer ökonomischen Erklärung zugänglich ist oder wenigstens mit modernen Methoden statistisch "erklärt" und prognostiziert werden kann. Der Untersuchungsgegenstand ist hierbei die bundesdeutsche Wirtschaft seit dem 2. Weltkrieg, in aggregierter Form. Beabsichtigt ist also keine Fallstudie einzelner Streiks oder von Streikwellen, obwohl auch diese Vorgehensweise ihre Meriten hätte. Nicht diskutiert werden auch die vielschichtigen soziologischen und sozialpsychologischen Aspekte von Kollektivauseinandersetzungen auf dem Arbeitsmarkt. Gesucht wird vielmehr nach einer Einbettung der Streiktätigkeit in der Bundesrepublik Deutschland in die gesamtwirtschaftliche Entwicklung über den gesamten Betrachtungszeitraum 1952 bis 1983, nach einem eine gewisse Allgemeingültigkeit beanspruchenden Rahmen für die Erklärung der makroökonomischen Ursachen und Konsequenzen von Arbeitskonflikten. Eine solche generalisierende Sicht steht im Gegensatz, aber durchaus auch in Ergänzung zur Interpretation von Streiks und Aussperrungen im Sinne singulärer historischer Ereignisse.

Zu betonen ist, dass das Buch nicht den Anspruch erhebt, *den* makroökonomischen Rahmen schlechthin zu liefern, in dem Arbeitskonflikte in der Bundesrepublik zu interpretieren sind. Das wäre vermessen und würde weder der heute reservierten Haltung gegenüber der Ökonometrie und der Konstanz der mit ihrer Hilfe ermittelten Strukturen gerecht noch der aktuellen wissenschaftlichen Diskussion zum

Thema Streiktätigkeit und den auch in der vorliegenden Arbeit offenbleibenden Fragen. Was dem Leser angeboten wird, ist eine theoretisch fundierte, empirisch leistungsfähige, dabei doch überschaubare und für didaktische Zwecke einsetzbare Interpretation der Entwicklung in der Bundesrepublik im Zeitraum 1952 bis 1983. Das präsentierte Modell erlaubt es, sowohl die Ursachen und Wirkungen von Arbeitskonflikten nachzuvollziehen als auch die Möglichkeiten konjunkturpolitischer Eingriffe und die Transmission exogener Schocks im Rahmen einer so stilisierten Wirtschaft zu diskutieren und herauszuarbeiten.

Das Buch besteht aus vier Teilen, wobei die Teile 2 und 3 den eigentlichen Kern bilden. Teil 1 erörtert zunächst kurz die Möglichkeiten, Arbeitskonflikte zu messen und beschreibt dann die über Arbeitskonflikte in Deutschland verfügbaren Daten. Ergänzend folgt ein knapper historischer Abriss der Streikentwicklung seit dem 2. Weltkrieg. Diese Entwicklung wird auf der einen Seite mit der Entwicklung im übrigen Europa konfrontiert, andererseits aber auch mit den deutschen Erfahrungen in der Weimarer Republik und im "Kaiserreich" verglichen.

Teil 2 diskutiert die wirtschaftstheoretische Sicht der Rolle von Arbeitskonflikten und konzentriert sich insbesondere auf die Erklärung ihrer makroökonomischen Ursachen und Konsequenzen in Wirtschaften mit weitgehend zentral geführten Tarifverhandlungen. Ziel dieses Teils des vorliegenden Buches ist es, die speziell auf die angelsächsische Situation eingeengte Sicht vieler einschlägiger Modelle zu verbreitern und auf diese Weise testbare Hypothesen unter Berücksichtigung wesentlicher Besonderheiten west- und nordeuropäischer Wohlfahrtsstaaten zu entwickeln.

Teil 3 enthält ökonometrische Untersuchungen zum Kernthema dieses Buches. Zunächst werden auf den theoretischen Überlegungen von Teil 2 basierende Strukturgleichungen geschätzt, welche die direkten bzw. partiellen makroökonomischen Ursachen und Konsequenzen von Arbeitskonflikten in der Bundesrepublik erfassen. Die ermittelten Ergebnisse werden ergänzt durch die Schätzung von Zeitreihenmodellen für Arbeitskonflikte und durch Schätzungen einer umgedeuteten Variante des Modells aus Teil 2, in der Arbeitskonflikte etwas zurückhaltender als fehlerbehafteter Indikator eines weitergefassten, latenten Konzepts, der Gewerkschaftsmilitanz, betrachtet werden.

Der vierte und letzte Teil des Buches versucht schliesslich, die Ergebnisse aus den Teilen 2 und 3 in einen weiter gefassten makroökonomischen Rahmen zu stellen. Hierzu werden einige lose Enden des in Teil 3 geschätzten, aus zwei Gleichungen bestehenden Partialmodells aufgenommen und zu einem kleinen ökonometrischen Modell für die Bundesrepublik Deutschland verknüpft, in welchem in der kleinen Variante das Streikvolumen, die reale Tariflohnzuwachsrate, die reale Effektivlohnzuwachsrate und die Arbeitslosenquote endogen erklärt werden. In der grösseren Variante wird zusätzlich die Geldpolitik der Deutschen Bundesbank endogenisiert. Abschliessend wird versucht, die zentralen Charakteristika der wirtschaftlichen Entwicklung in der Bundesrepublik aus der Sicht dieses Modells zu interpretieren und mittels Simulationen die dynamischen Eigenschaften des entwickelten Modells zu demonstrieren. In einem letzten Kapitel werden die Ergebnisse der Arbeit kurz zusammengefasst und gewertet.

TEIL 1

EMPIRISCHE HINTERGRÜNDE ZUR ANALYSE VON ARBEITSKONFLIKTEN IN DER BUNDESREPUBLIK DEUTSCHLAND

Kapitel 1

Aggregierte Daten für Streiks und Aussperrungen

1.1. MESSKONZEPTE

In der modernen Streikforschung hat es sich als nützlich erwiesen, zwischen drei Dimensionen kollektiver Auseinandersetzungen auf dem Arbeitsmarkt zu unterscheiden: dem *Umfang*, der *Dauer* und der *Häufigkeit* von Arbeitskonflikten.[1] Kennt man jede dieser drei Dimensionen, so lässt sich daraus das gesamte Konflikt*volumen* in einer Volkswirtschaft für einen vorgegebenen Zeitraum berechnen. Die skizzierte Aufspaltung des Aggregats ermöglicht im Prinzip anschauliche grafische Darstellungen der längerfristigen Entwicklung von Arbeitskonflikten unter expliziter Berücksichtigung der Veränderungen ihrer Komponenten. Voraussetzung ist allerdings eine Einigung darüber, wie die drei Dimensionen des Konfliktvolumens in der Praxis zu messen sind.

Welche *empirischen* Dimensionen der Streiktätigkeit den oben genannten *theoretischen* Dimensionen entsprechen, ergibt sich aus der folgenden Gegenüberstellung:

---

[1] Diese Aussage bezieht sich auf an makroökonomischen Fragestellungen ansetzende ökonomische und politologische Untersuchungen. Andere sozialwissenschaftliche, aber auch mit Mikrodaten operierende ökonomische Untersuchungen, sind durchaus an einem breiteren Datenspektrum interessiert.

theoretisches Konzept	empirische Dimensionen
Volumen	verlorene Arbeitstage
=	=
Umfang	Teilnehmer pro Streik
×	×
Dauer	verlorene Arbeitstage pro Streikteilnehmer
×	×
Häufigkeit	Anzahl Streiks

Als Äquivalent für das Konfliktvolumen dient die Anzahl der durch Streiks verlorenen Arbeitstage. Der Konfliktumfang wird durch die durchschnittliche Teilnehmerzahl pro Streik gemessen, die Konfliktdauer durch die im Durchschnitt verlorenen Arbeitstage pro Streikteilnehmer und die Konflikthäufigkeit durch die Anzahl Streiks.

Unter Umständen kann es sinnvoll sein, die Streiktätigkeit zu normieren, indem man die Anzahl verlorener Arbeitstage oder die Anzahl Streiks auf die Erwerbs-, die Gesamtbevölkerung oder das potentielle Arbeitsvolumen bezieht. Insbesondere Querschnittsuntersuchungen erfordern eine derartige Normierung.

Streiks oder Arbeitskonflikte haben somit keine eindeutige und zwingende empirische Entsprechung, sondern können anhand von vier üblicherweise in Industrieländern verfügbaren Indikatoren dargestellt werden. Welcher Indikator vorzuziehen ist, kann wohl nur im Einzelfall unter Berücksichtigung des Analysezwecks und des verwendeten theoretischen Modells entschieden werden.

Der Zusammenhang zwischen den vier genannten Streikmassen lässt sich grafisch darstellen [vgl. Shorter und Tilly (1971)]. Abbildung 1.1 zeigt zwei mögliche Ausprägungen eines gegebenen Streikvolumens. Der linke Quader beschreibt den Fall einer Wirtschaft mit relativ häufigen Streiks von begrenztem Umfang und mittlerer Dauer. Der rechte Quader stellt eine Wirtschaft dar, in der insgesamt die gleiche Zahl an Arbeitstagen durch Streiks verloren geht. Bezeichnend für diese Wirtschaft ist jedoch, dass es nur sehr wenige, auch etwas kürzere, dafür aber sehr viele Beteiligte umfassende Arbeitskonflikte gibt.

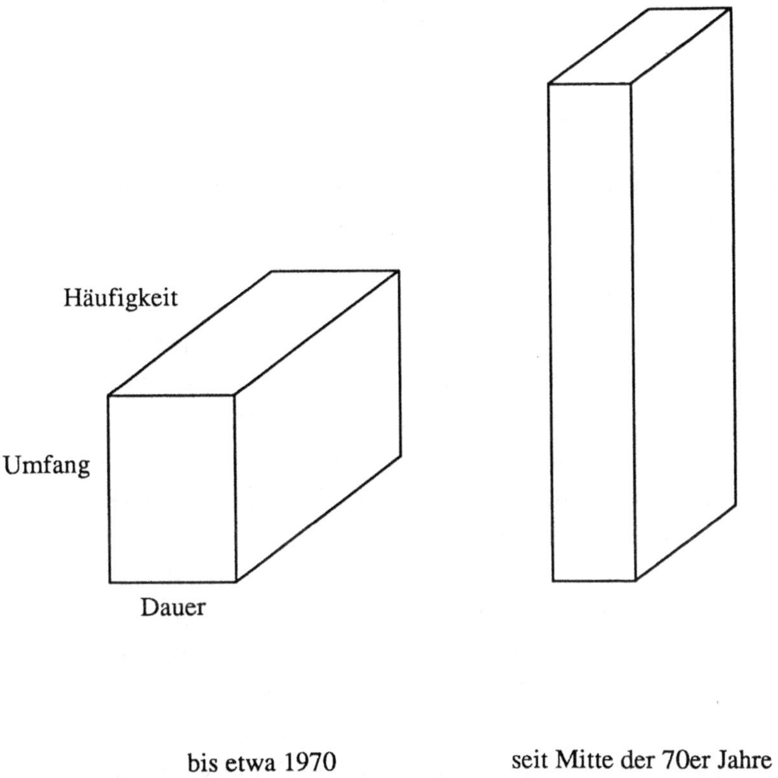

Abb. 1.1: Typische Streikmuster in westlichen Industrieländern

Die Erfassung der Streiktätigkeit durch das Volumenmass "verlorene Arbeitstage" besitzt nun die offensichtliche Schwäche, dass es zwischen zwei so unterschiedlichen Profilen wie beispielsweise den in Abbildung 1.1 dargestellten nicht unterscheiden kann. Dies ist in vielen ökonomischen Bargaining-Modellen dann kein Nachteil, wenn man näherungsweise unterstellen kann, dass die für beide Verhandlungsparteien anfallenden Konfliktkosten eher mit dem Streikvolumen korreliert sind als mit einer anderen Variablenausprägung. In einzelnen Ansätzen, wie etwa im "Accident"-Modell (vgl. Abschnitt 4.1), wird jedoch explizit auf die Erklärung der Ausbruchshäufigkeit von Streiks abgestellt, die spätere Streikdauer dagegen ausgeklammert.

Bezüglich der vorgestellten Streikprofile ist noch interessant, dass es in den westlichen Industrieländern keinen eindeutigen Trend im Sinne eines Abnehmens oder Zunehmens ihrer Volumen zu geben scheint [Hibbs (1976), S. 1037]. Dagegen gibt es während der letzten Jahrzehnte eine eindeutige Verschiebung von der in Abbildung 1.1 links dargestellten Form zur rechts dargestellten. Die früher häufigen und gelegentlich auch langen Streiks auf Betriebsebene werden vielerorts durch relativ seltene und kurze, aber dann ganze Branchen, Tarifgebiete oder Volkswirtschaften umfassende Streiks abgelöst.[2]

1.2. STATISTISCHE QUELLEN

Die Primärquelle für Daten über Arbeitskonflikte in der Bundesrepublik Deutschland waren über viele Jahre die Veröffentlichungen des Statistischen Bundesamtes (SBA) in Wiesbaden. Dort wurden in der Fachserie 1, Reihe 4.3 "Streiks und Aussperrungen" drei Zeitreihen geführt. Die erste Reihe, die Zahl der von Arbeitskämpfen betroffenen Betriebe, liegt ausserhalb des oben skizzierten Konzepts. Als zweite und dritte Zeitreihe wurden das Volumen angegeben und der Anteil der an Streiks und Aussperrungen beteiligten Arbeitnehmer an den Gesamtbeschäftigten.

Seit 1983 führt die Bundesanstalt für Arbeit (BfA) die Statistik über Streiks und Aussperrungen weiter und veröffentlicht die Zahlen vierteljährlich in den "Amtlichen Nachrichten der Bundesanstalt für Arbeit". Diese Statistik wird aufgrund von schriftlichen Anzeigen der Arbeitgeber an das für den Betrieb zuständige Arbeitsamt erstellt.[3] Um eine Vergleichbarkeit ihrer Daten mit den früher vom SBA erhobenen Zahlen zu gewährleisten, berücksichtigt auch die BfA nur diejenigen Arbeitsstreitigkeiten, an denen mindestens 10 Arbeitnehmer beteiligt waren und die mindestens einen Tag dauerten oder durch die ein Verlust von mehr als 100 Arbeitstagen entstanden ist, bezogen auf alle an der Arbeitseinstellung beteiligten bzw. die von ihr betroffenen Arbeitnehmer.

Diese einschränkenden Erhebungskriterien werden damit gerechtfertigt, dass man so allenfalls im Aggregat wenig ins Gewicht fallende Bagatellstreiks ausschliesse. Die folgende Gegenüberstellungen der offiziellen Zahlen mit vervollständigten Zahlen, welche auch die Bagatellauseinandersetzungen berücksichtigen, zeigt, dass dieses Argument nicht unproblematisch ist (Tab. 1.1). Insbesondere wenn man internationale Vergleiche anstellt und hierbei ja regelmässig das gute Abschneiden der Bundesrepublik betont, so fällt ins Gewicht, dass die offiziellen deutschen Statistiken offenbar nur gut die Hälfte der tatsächlich an Streiks und Aussperrungen beteiligten Arbeitnehmer ausweisen. Dies ist bei Gegenüberstellungen zu beachten und gleichzeitig ist zu klären, ob die ausländischen Zahlen nicht ähnlich verzerrt sind.

---

[2] Vgl. z.B. Hibbs (1976), S. 1041 und Franzosi (1980), S. 82. Eine stärker differenzierende Sicht, in der zwischen verschiedenen Ländergruppen mit eigenen charakteristischen Grundtendenzen unterschieden wird, vertritt Jackson (1987).

[3] Die gesetzliche Grundlage hierfür liefert §17 des Arbeitsförderungsgesetzes vom 25. Juni 1969, BGBl. I S. 582. Das konkrete Verfahren ist geregelt in der Sechsten Verordnung zur Durchführung des Gesetzes über Arbeitsvermittlung und Arbeitslosenversicherung vom 22. April 1959 (BGBl. I S. 233).

TABELLE 1.1: AN STREIKS UND AUSSPERRUNGEN BETEILIGTE ARBEITNEHMER

	offizielle Angaben	vervollständigte Zahlen
1966	196 000	304 000
1967	60 000	100 000
1968	25 000	57 000
1969	90 000	166 000
1970	184 000	489 000
1971	536 000	655 000
1972	23 000	120 000
1973	185 000	380 000
Durchschnitt	162 375	283 875

Quelle: Steinhaus (1975).

Beschränkt man sich bei der Verwendung offizieller deutscher Streikdaten auf nationale Fragestellungen, ist die Verwendung offizieller Zahlen solange unproblematisch, wie sich offizielle und vollständige Daten weitgehend synchron entwickeln. Führt man zur Abklärung einfache Regressionen durch zwischen S = "nach offiziellen Angaben an Arbeitskonflikten beteiligte Arbeitnehmer" und S' = "vervollständigte Zahlen über an Arbeitskonflikten beteiligte Arbeitnehmer", so erhält man für den kurzen zur Verfügung stehenden Zeitraum 1966-1973.[4]

$$S_t = \underset{(0.94)}{-42.2} + \underset{(5.55)}{0.72}\, S'_t \qquad \bar{R}^2 = 0.81$$

und

$$\ln S_t = \underset{(1.65)}{-1.74} + \underset{(6.09)}{1.19}\, \ln S'_t. \qquad \bar{R}^2 = 0.84$$

Nach diesen Ergebnissen kann die Beziehung zwischen S und S' durch eine durch den Ursprung gehende Gerade beschrieben werden, deren Steigung signifikant kleiner ist als Eins. Nehmen die tatsächlichen Arbeitskonflikte zu, zeigt sich das in den offiziellen Zahlen nur zu knapp drei Vierteln. Die zweite Gleichung zeigt,

[4] Unter den Schätzkoeffizienten befinden sich in Klammern die absoluten t-Werte. $\bar{R}^2$ ist das um die Zahl der Freiheitsgrade bereinigte Bestimmtheitsmass.

dass die offiziellen Zahlen bezüglich den vervollständigten Zahlen eine Elastizität haben, die sich statistisch nicht vom Wert Eins unterscheidet. Steigt also das tatsächliche Konfliktvolumen um x Prozent, wächst auch das offizielle Konfliktmass um x Prozent. Da der Korrelationskoeffizient schliesslich in beiden Spezifikationen über 0.9 liegt, kann im unten folgenden empirischen Teil mit gutem Gewissen auf die offiziellen deutschen Streikdaten zurückgegriffen werden.

Eine zweite, international leichter zugängliche und deshalb allgemein bevorzugte Quelle ist das Jahrbuch des International Labour Office (ILO) in Genf. Auch dort finden sich Zahlen über das Volumen von Arbeitskonflikten und den Anteil der an Streiks und Aussperrungen beteiligten Arbeitnehmer an den Gesamtbeschäftigten. Diese Quelle hat allerdings Sekundärcharakter, da sie sich explizit auf deutsche "Regierungsquellen" stützt. Gemäss Auskunft sind diese Quellen heute die BfA. Davor wurden die Zahlen vom SBA, bzw. von dessen Vorläufern geliefert.

Die ILO-Zeitreihen decken sich somit auch weitgehend mit den entsprechenden SBA/BfA-Reihen. Abweichungen ergeben sich jedoch in zweifacher Hinsicht:

(i) Die Zahlen für einige wenige Jahre unterscheiden sich deutlich von den entsprechenden SBA/BfA-Angaben. Es liess sich nicht eruieren, ob dies auf eine bewusste Bereinigung durch das ILO oder auf spätere Korrekturen zunächst vorläufiger Reihen durch das SBA zurückzuführen ist, welche vom ILO nicht nachvollzogen wurden.

(ii) Beide ILO-Reihen beginnen im Jahre 1948, die SBA/BfA-Reihen jedoch erst 1951 respektive 1955. Offensichtlich führt das ILO von Vorgängern des SBA erhobene Daten auf, an deren Zuverlässigkeit das SBA heute selbst Zweifel hat.

Die langen Zeitreihen von SBA/BfA und des ILO stehen nur auf Jahresbasis zur Verfügung. Seit einem guten Jahrzehnt veröffentlichen das SBA bzw. die BfA aber auch Monatsdaten. Diese Zeitspanne ist aber für die in der vorliegenden Untersuchung angesprochenen Fragen zu kurz. Es werden deshalb ausschliesslich Jahresdaten, und zwar aus den Primärquellen von SBA/BfA, verwendet.

Die Abbildungen 1.2 (a) - (c) geben die Entwicklung der drei publizierten Konfliktreihen grafisch wieder.

Es liegt nahe, auch für die Bundesrepublik zu prüfen, ob sich die Form, in der sich ein gegebenes Streikvolumen typischerweise zusammensetzt, im Verlaufe der letzten 30 Jahre systematisch verändert hat.

Nun steht aber für Deutschland, wie erwähnt, keine der drei Dimensionen direkt zur Verfügung, sondern nur das Volumen. Aus dem Anteil Streikteilnehmer/Beschäftigte lässt sich nun aber durch Multiplikation mit der aus anderen Quellen verfügbaren Zahl der Beschäftigten die Zahl der Streikteilnehmer berechnen. Diese Grösse zieht in unserer Definitionsgleichung

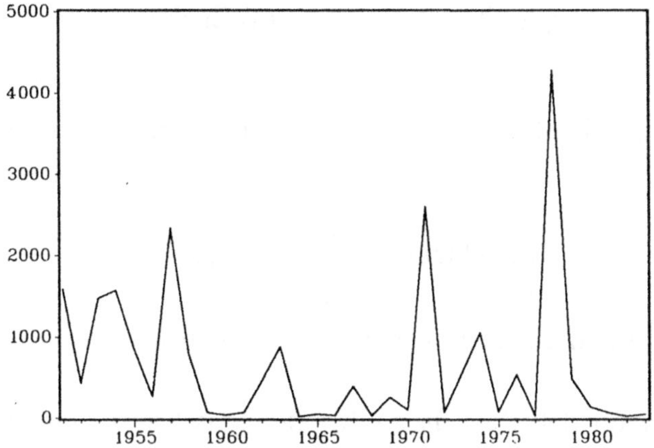

Abb. 1.2(a): Durch Streiks und Aussperrungen verlorene Arbeitstage

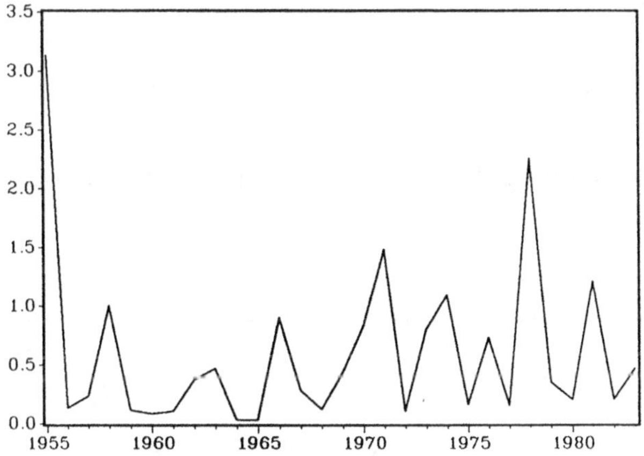

Abb. 1.2(b): Anteil der an Arbeitskämpfen beteiligten Arbeitnehmer an den Gesamtbeschäftigten

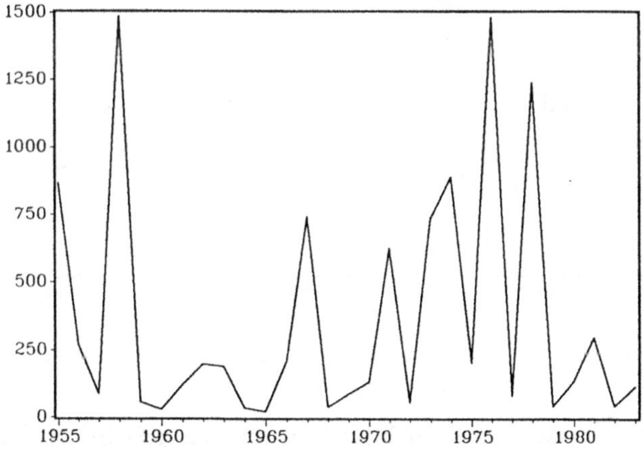

Abb. 1.2(c): Zahl der von Arbeitskämpfen betroffenen Betriebe

Volumen (Tage)	=	Häufigkeit (Streiks)	×	Umfang (Teilnehmer/ Streik)	×	Dauer (Tage/ Teilnehmer)

die Häufigkeit und den Umfang von Arbeitskonflikten zu einer Grösse zusammen. Aus der Gleichung

$$\text{Volumen} = \text{Teilnehmer} \times \text{Dauer}$$

lässt sich nun immerhin die Dauer, also eine der Dimensionen des Arbeitskonfliktvolumens berechnen.

Definieren wir für den Rest dieses Kapitels das Streikvolumen, die Zahl der Streikteilnehmer und die Streikdauer als S^V, S^T respektive S^D. Zur Abklärung der Frage, ob sich die Zusammensetzung von S^V im Zeitablauf verändert, kann man nun von der Umformung

$$\ln S^V = \ln S^T + \ln S^D$$

ausgehen. Diese Aufspaltung des Logarithmus des Streikvolumens in zwei additive Komponenten ist in Abb. 1.3 dargestellt.

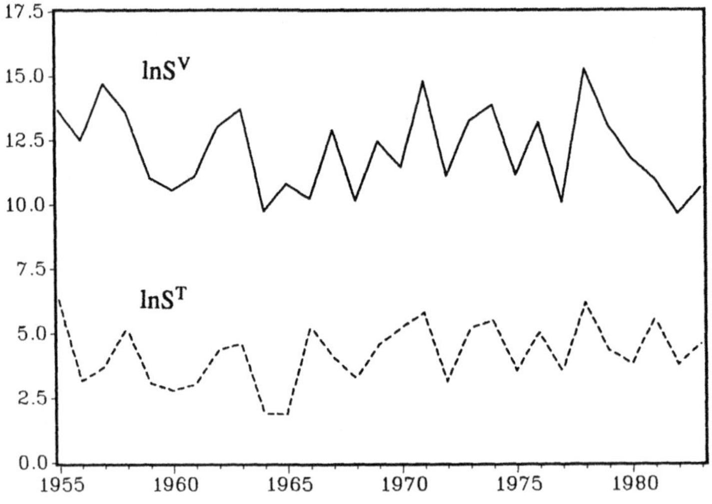

Abb. 1.3: Das Streikvolumen und seine Komponenten

Aus der Grafik lässt sich kein langfristiger Wandel in der Zusammensetzung des Streikvolumens ablesen. Um besser zwischen synchronen Bewegungen von $\ln S^V$

und $\ln S^T$ und Veränderungen der Relation $\ln S^T/\ln S^V$ unterscheiden zu können, gibt Abb. 1.4 die als $(\ln S^T/\ln S^V)*100$ und $(\ln S^D/\ln S^V)*100$ berechneten Prozentanteile von $\ln S^T$ und $\ln S^D$ am logarithmierten Volumen wieder.

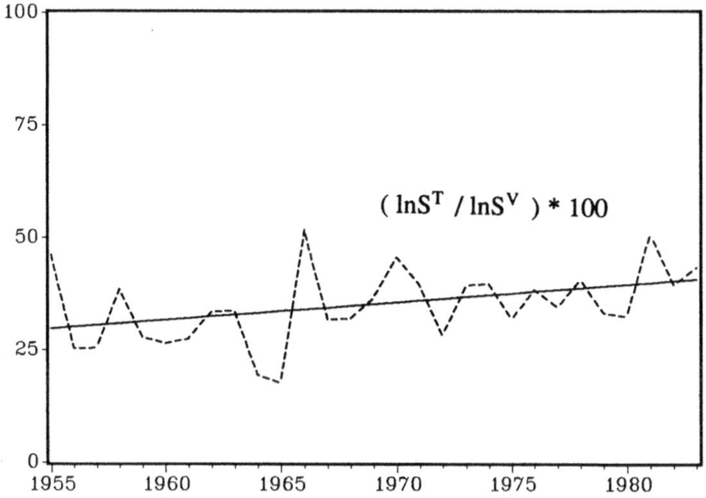

Abb. 1.4: Die prozentuale Zusammensetzung des Streikvolumens

Es zeigt sich, dass der Anteil der Teilnehmer sehr stark schwankt - zwischen etwa 17 und gut 50 Prozent. Im übrigen entsteht auch der Eindruck eines schwachen, ansteigenden Trends. Dies bestätigt sich auch, wenn man den Anteil der Teilnehmer auf die Zeit t regressiert:

$$(\ln S_t^T/\ln S_t^V)*100 = \underset{(10.23)}{29.28} + \underset{(2.22)}{0.39}\, t.$$

$$1955\text{-}1983;\ \bar{R}^2 = 0.12;\ D.W. = 2.18$$ [5]

Nach diesem Ergebnis scheint es in der Bundesrepublik während der letzten 30 Jahre einen langsamen Wandel hin zu kürzeren Arbeitskonflikten mit mehr Teilnehmern gegeben zu haben. Dieses Resultat deckt sich auch mit den in Abb. 1.1 charakterisierten internationalen Trends in der Streiktätigkeit. Nach der oben gezeigten Trendregression betrug $(\ln S^T/\ln S^V)*100$ im Jahr 1955 etwa 29, im Jahre 1983 dann etwa 37.

---

[5] D.W. ist der Durbin-Watson-Test auf Autokorrelation 1. Ordnung der Residuen.

Kapitel 2

Zur Geschichte von Streiks und Aussperrungen seit 1948

Hinter den in Kapitel 1 präsentierten Makrodaten über Arbeitskonflikte verbergen sich unzählige kleine und auch viele grosse, prägende Auseinandersetzungen, von denen jede ihre Vorgeschichte, ihre Motive, ihren Ablauf und ihre Resultate hat. Die wichtigen, richtungsweisenden Konflikte sind minutiös beschrieben, ja geradezu seziert worden. Dies soll hier nicht nachvollzogen oder ergänzt werden. Die Perspektive der vorliegenden Arbeit ist ja das gerade Gegenteil dieser Ansätze, da alle Arbeitskonflikte auf einen einzigen gemeinsamen Nenner, die Zahl der durch sie verlorenen Arbeitstage, reduziert werden. Diese Gleichmacherei wird bewusst betrieben. Mit ihr soll nicht bestritten werden, dass es einen Unterschied macht, ob ein Streik im Bergbau oder in der Textilindustrie stattfindet, dass sich ein um Lohnprozente geführter Arbeitskampf von einem politisch motivierten unterscheidet. Es wird allerdings von der Überzeugung ausgegangen, dass die Beschäftigung mit Details den Blick für übergreifende, robuste Zusammenhänge trüben kann.

Konkret bedeutet dies, dass es ein bestimmtes Makroklima gibt, in dem Arbeitskonflikte gedeihen, gleich in welchem Wirtschaftszweig und unabhängig von den Einzelheiten des Forderungskatalogs der Gewerkschaften. Gleichzeitig wirken Arbeitskonflikte auf dieses Makroklima zurück und zwar unabhängig von irgendwelchen Details, die aus der Vogelperspektive nicht mehr zu erkennen sind. Kapitel 2 versucht nun, einen etwas besser auflösenden Hintergrund für die vorliegende, auf hohem Aggregationsniveau argumentierende Arbeit zu zeichnen, indem die wichtigsten Entwicklungen der Tarifbeziehungen und Arbeitskämpfe seit 1948 beschrieben werden.

Dies schlägt gleichzeitig eine Brücke zu den mit anderen Zielsetzungen operierenden deskriptiven Studien über Arbeitskonflikte.[1]

Vorauszuschicken ist, dass die grössten Streiks in der westdeutschen Wirtschaft zwischen Kriegsende und Gründung der Bundesrepublik durchgeführt wurden. Allein im Jahr 1948 streikten über 13 Millionen Arbeitnehmer. Diese Zahl wurde später nie mehr erreicht und ist sicherlich primär vor dem Hintergrund des gerade zu Ende gegangenen 2. Weltkriegs mit seinen unmittelbaren Konsequenzen zu sehen und nicht mit den gleichen Erklärungen zu erschliessen wie die mit Beginn der 50er Jahre einsetzende Entwicklung.

Die bundesdeutsche Streiktätigkeit ab 1950 steht in starkem Kontrast zur Entwicklung im übrigen Europa. Zieht man zum Vergleich die etwa gleich grossen Wirtschaften Frankreichs, Grossbritanniens und Italiens heran, so sieht man aus den in Tabelle 2.1 wiedergegebenen Zahlen, dass dort im Zeitraum 1950-71 die Zahl der verlorenen Arbeitstage vier bis 13 mal so gross war wie in der Bundesrepublik. Diese Relationen wurden übrigens und erstaunlicherweise auch durch die vielen bei Aufbau und Weiterentwicklung der EG erreichten Harmonisierungen in allen Wirtschaftsbereichen nicht nennenswert verändert: Auch 1976-81 wurde in Frankreich noch immer 2,5 mal, in Grossbritannien noch 10 mal und in Italien noch 16 mal soviel gestreikt wie in Deutschland.

TABELLE 2.1: VERLORENE STREIKTAGE IN EUROPA

Jahresdurchschnitte; Index in Klammern (BRD = 100)

	1950-71	1976-81
BR Deutschland	754 (100)	914 (100)
Frankreich	3'198 (424)	2'346 (257)
Grossbritannien	4'209 (558)	9'732 (1'065)
Italien	10'271 (1'362)	15'012 (1'642)

Quelle: Steinhaus (1975), ILO.

[1] Beispiele solcher Arbeiten sind Bergmann, Jacobi und Müller-Jentsch (1979) und Steinhaus (1975).

Es ist weiter zu betonen, dass die in späteren Kapiteln entwickelte Erklärung der Streiktätigkeit in der Bundesrepublik nicht ausreicht, um die im internationalen Vergleich zutage tretenden frappierenden Niveauunterschied zu erklären. Um dies zu erreichen, müsste ausführlich auf die unterschiedlichen institutionellen Regelungen in den einzelnen Ländern und vor allem auch auf die jeweiligen historischen Erfahrungen eingegangen werden. Dass diese Grössen zum Tragen kommen und die durchschnittliche Streikneigung nicht einfach "mentalitätsbedingt" ist, illustrieren auch Vergleiche der Streiktätigkeit in der Bundesrepublik mit derjenigen im Deutschen Reich unter Wilhelm I. und in der Weimarer Republik. Aus diesen Vergleichen ergibt sich, dass über lange Phasen auch auf dem deutschen Arbeitsmarkt "englische" oder "italienische" Zustände herrschten.

TABELLE 2.2: VERLORENE STREIKTAGE IN DEUTSCHLAND

Jahresdurchschnitt; Index in Klammern (BRD = 100)

"Kaiserreich" (1899-1918)	Weimarer Republik (1919-1932)	BR Deutschland (1951-1983)
4'423 (677)	11'217 (1'718)	653 (100)

Quelle: Steinhaus (1975), ILO, Statistisches Jahrbuch für die Bundesrepublik Deutschland.

Beschränkt man sich auf das Allerwesentlichste, so kann man die Konflikttätigkeit auf dem westdeutschen Arbeitsmarkt seit dem 2. Weltkrieg durch vier Feststellungen charakterisieren (vgl. Abb.2.1):

(i) Die langfristige Entwicklung ist durch keinen eindeutigen Trend gekennzeichnet. Diesen ersten visuellen Eindruck aus Kapitel 1 bestätigt auch eine Regression der verlorenen Arbeitstage S auf die Zeit t, die ergibt:

$$S_t = \underset{(2.59)}{876'662} - \underset{(0.76)}{13'158}\, t.$$

$$1951\text{-}83; \quad \bar{R}^2 = -0.01; \text{D.W.} = 2.12$$

(ii) Die mittelfristige Entwicklung scheint durchaus gewisse Wellen aufzuweisen. So könnte man postulieren, auf eine ruhige Phase von 5-7 Jahren folge jeweils ein einzelnes Jahr massivster Konflikte. Allerdings ist dieses Muster nicht regelmässig genug, um der Überprüfung mittels zeitreihenanalytischen Methoden standhalten zu können.[2] Ausserdem fehlt das fällige kurzzeitige Aufflackern der Kollektivauseinandersetzungen Mitte der 60er Jahre. Deswegen sind die 60er Jahre eindeutig die konfliktärmste Zeit auf dem deutschen Arbeitsmarkt.

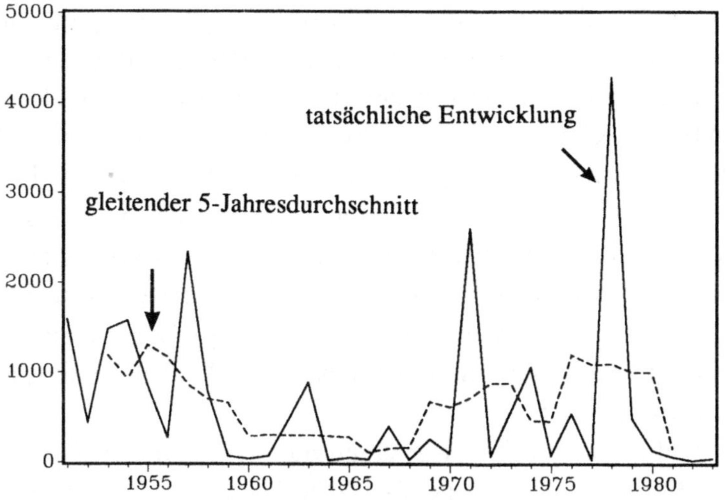

Abb. 2.1: Streikvolumen: Tatsächliche und geglättete Entwicklung

(iii) Die langfristig scheinbar konstante Konfliktaktivität auf dem Arbeitsmarkt verdeckt oder übersieht wichtige Innovationen in den Arbeitsmarktbeziehungen und den eingesetzten Kampfmitteln. So wird der 1962 zum ersten Mal im öffentlichen Dienst zu Kampfzwecken eingesetzte "Dienst nach Vorschrift" nicht erfasst, der zunächst primär darauf abzielte, das Streikverbot für Beamte zu unterlaufen, später aber im ganzen öffentlichen Dienst immer wieder Verwendung als allgemeines Kampfmittel fand. Verdeckt wird auch die sich wandelnde Bedeutung der Aussperrung, die ja ebenfalls Bestandteil des hier verwendeten Konfliktaggregats ist und in der Bundesrepublik Deutschland nicht getrennt ausgewiesen wird. Zum ersten Mal ins öffentliche Bewusstsein trat diese Kampfform wohl 1963, als die südwestdeutschen Arbeitgeber als Reaktion auf einen Schwerpunktstreik von etwa 120'000 Metallarbeitern rund 300'000 Arbeitnehmer in gar nicht bestreikten Betrieben aussperrten. In der Folge spielten Aussperrungen eine quantitativ nicht unbedeutende Rolle und hörten auch nicht auf, die Arbeitsgerichte und die Bundesanstalt für Arbeit zu beschäftigen.

---

2 Siehe Kapitel 8.

(iv) Die Ziele, deren Erreichung mittels Kampfmassnahmen angestrebt wird, unterscheiden sich von Konflikt zu Konflikt sehr stark. Dies überrascht sicherlich nicht, wenn man sich z.B. die sehr breite Zielpalette des deutschen Gewerkschaftsbundes ansieht, so wie sie sich in seinem Aktionsprogramm manifestiert.[3] Man findet dort auf der einen Seite im engen Sinn *ökonomische Ziele* wie höhere Löhne und Gehälter, kürzere Arbeitszeit, längerer Urlaub und Urlaubsgeld etc., die letzten Endes alle auf Einkommensverbesserungen hinauslaufen und im Rahmen der Tarifautonomie realisiert werden können. Auf der anderen Seite gibt es sogenannte *politische Ziele*, bei denen keine direkten Folgen für die Kaufkraft der Arbeitnehmer erkennbar sind. Unter diesen Zielen finden sich wiederum solche, welche die Gewerkschaften bei entsprechendem Geschick zumindest teilweise selbst in bilateralen Verhandlungen mit den Arbeitgebern und ihren Organisationen verfolgen können. Dazu gehören insbesondere Massnahmen zu Verbesserungen der betrieblichen Arbeitsbedingungen. Daneben gibt es aber durchaus auch sogenannte makropolitische Ziele, welche ein Handeln der Politik oder des Gesetzgebers erfordern. Beispiele hierfür sind die Forderungen nach einer gerechteren Vermögensverteilung, grösserer sozialer Sicherheit, Ausdehnung der Mitbestimmung und der Schaffung gleicher Bildungschancen für Kinder aus allen sozialen Schichten.

Politische und ökonomische Ziele übten nun in den letzten Jahrzehnten einen wechselnden Einfluss auf die gewerkschaftliche Kampfbereitschaft aus. Dies wird schon deutlich, wenn man die Chronologie der in der Bundesrepublik aufgetretenen grossen Arbeitskonflikte (mit über 100'000 betroffenen Arbeitnehmern) und die jeweils involvierten Streitfragen betrachtet.[4]

1954, August: Etwa 100'000 Arbeitnehmer beteiligen sich an einem dreiwöchigen Streik in der Metallindustrie, um *Lohnerhöhungen* durchzusetzen.

1955, Januar: 800'000 Hütten- und Bergarbeiter demonstrieren im Ruhrgebiet einen Tag aus Protest gegen Versuche, das Montan-*Mitbestimmungsgesetz* von 1952 auszuhöhlen. Ein Montanindustrievertreter, Hermann Reusch, hatte dieses Gesetz kurz zuvor als Ergebnis einer "brutalen Erpressung" der Regierung durch den DGB bezeichnet.

1958, März: In den Kommunalbetrieben streiken 180'000 Arbeitnehmer einen Tag lang für *Lohnerhöhungen*.

1963, April: In der baden-württembergischen Metallindustrie legen nach vorangegangenen Warnstreiks 120'000 Beschäftigte für zwei Wochen die Arbeit nieder, um

---

[3] Vgl. Aktionsprogramm des DGB (1965), S. 257ff.

[4] Die plakativ vorgebrachte Forderung muss natürlich nicht identisch mit dem letztlich angestrebten Ziel sein, welches z.B. aus Kompromissen in anderen Bereichen bestehen kann. Darüber hinaus wird bei Tarifverhandlungen meist über Forderungskataloge gesprochen, die einen Interpretationsspielraum bezüglich des dominierenden Ziels lassen.

Lohnerhöhungen zu erreichen. Als Reaktion auf diese schwerpunktmässig angelegten Streiks sperren die Arbeitgeber 300'000 Beschäftigte aus.

1969, September: 150'000 Arbeitnehmer aus verschiedenen Wirtschaftszweigen treten in einen spontanen, fast dreiwöchigen Ausstand mit der Forderung nach *Lohnerhöhungen.* Konkreter Anlass war die Unzufriedenheit über die von den Gewerkschaften vor dem Hintergrund der Rezession 1966/67 abgeschlossenen moderaten langfristigen Tarifverträge, die im krassen Gegensatz zur gegenwärtigen Hochkonjunktur standen.

1971, November: 150'000 Beschäftigte der Metallindustrie streiken für *höhere Löhne.* Wieder antworten die Arbeitgeber mit der Aussperrung von diesmal 350'000 Beschäftigten. Die Auseinandersetzung dauert drei Wochen.

1972, April: Etwa 100'000 Arbeitnehmer protestieren mit ihrem Ausstand von durchschnittlich drei Tagen *gegen den Versuch* der CDU/CSU, nach der "Abwerbung" von Abgeordneten der Regierungsparteien *die SPD/FDP-Regierung* unter Willy Brandt durch ein konstruktives Misstrauensvotum *zu stürzen.*

1973: Fast 300'000 Arbeitnehmer kämpfen in den sogenannten Sommerstreiks für *Lohnerhöhungen* als Ausgleich für die akzelerierende Teuerung. Parallel dazu kämpfen aber im Oktober in der baden-württembergischen Metallindustrie auch fast 60'000 Beschäftigte über eine Woche lang erfolgreich für den Abschluss eines Lohnrahmentarifvertrags, der gewisse *Minimalbedingungen der Arbeitsverhältnisse* festlegen soll.

1974, Februar: Im öffentlichen Dienst und bei der Post streiken knapp 200'000 Beschäftigte drei Tage lang mit Erfolg für zweistellige *Lohnerhöhungen.*

1978, März: Wiederum in der baden-württembergischen Metallindustrie sind in einem Kampf um *Lohnerhöhungen* 85'000 Beschäftigte im Streik und 180'000 ausgesperrt. Die Auseinandersetzung dauert drei Wochen.

1984, Mai und Juni: Ausgehend von der baden-württembergischen Metallindustrie streiken durchschnittlich 150'000 Arbeitnehmer in verschiedenen Wirtschaftszweigen und Bundesländern rund 7 Wochen für die Einführung der 35 Stundenwoche. Offizielles Motiv ist die *Bekämpfung der Arbeitslosigkeit.* Da voller Lohnausgleich für die Verkürzung der Arbeitszeit verlangt wird, werden implizit zunächst massive *Lohnerhöhungen* auf Stundenbasis gefordert.

Die Zusammenstellung zeigt eindeutig, dass die bei Arbeitskämpfen in der Bundesrepublik dominierenden Motive in der Mehrzahl der Fälle ökonomischer Natur waren. Wenn auch nicht stimmt, dass politische, nichtpekuniäre Ziele grundsätzlich nicht mobilisierungsfähig sind, so bleiben politische Streiks doch eher die Ausnahme. Diese Einschätzung ist auch nicht zu revidieren, wenn man neben den grossen auch die kleinen Streiks auf die dahinterstehenden Motive hin untersucht.

TEIL 2

MODELLE DER URSACHEN UND KONSEQUENZEN VON ARBEITSKONFLIKTEN

Kapitel 3

Das politische Streikmodell: von Hicks bis heute

Teil 2 verlässt nun den deskriptiven empirischen Bereich und beschäftigt sich theoretisch mit der Rolle von Arbeitskonflikten auf makroökonomischer Ebene. Das theoretische Fundament wird in Kapitel 3 gelegt, während die Kapitel 4, 5 und 6 dieses Grundmodell hinterfragen, erweitern und für die empirische Arbeit vorbereiten. Teil 4 greift dann die in Teil 1 beschriebenen Streikdaten wieder auf und untersucht ihre Beziehung zu anderen makroökonomischen Zeitreihen auf der Grundlage des dann verfügbaren theoretischen Modells.

Bevor in 3.3 und 3.4 das Kernmodell dieses Buches präsentiert und entwickelt wird, werden in 3.1 und 3.2 die wichtigsten in der Literatur zu findenden Vorläufer skizziert.

3.1. DIE BAHNBRECHENDEN ARBEITEN VON HICKS UND ZEUTHEN

Als Ziehväter mehrerer Generationen ökonomischer Streikforscher können Hicks (1932) und Zeuthen (1930) angesehen werden. Hicks unterstellt in Kapitel 7 seiner "Theory of Wages" einen direkten, positiven Zusammenhang zwischen dem von den Unternehmen bei einer Kollektivverhandlung *zugestandenen* Lohnsatz und der erwarteten Streikdauer sowie einen negativen Zusammenhang zwischen dem von den Gewerkschaften *geforderten* Lohnsatz und der erwarteten Streikdauer. Beide Kurven kennt man als *Widerstandskurve* der Arbeitgeber beziehungsweise *Konzessionskurve* der Gewerkschaften, und die grafische Darstellung des Modells zeigt zwei sich schneidende Kurven, eine steigend, eine fallend, und ähnelt damit für den nicht an Details interessierten Betrachter wohl 90 Prozent aller in der Ökonomie wirklich wichtigen Modelle (Abb. 3.1).

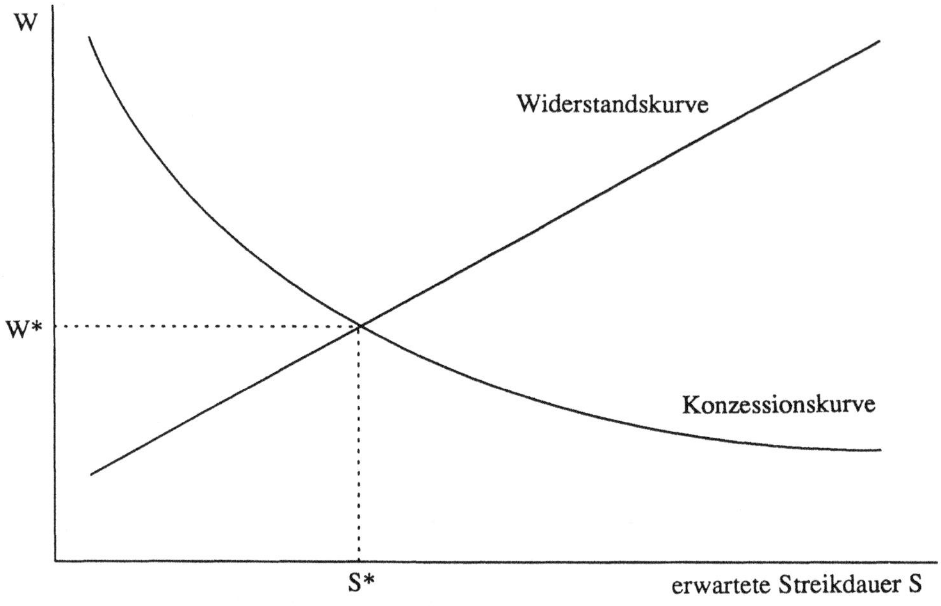

Abb. 3.1: Das Modell von Hicks

Als Verhandlungsergebnis sagt das Modell voraus, dass sich die Tarifpartner auf den Lohnsatz W* einigen und mit dieser Forderung respektive diesem Angebot vor Vertragsabschluss eine Streikerwartung von S* verbinden. Dieses Ergebnis würde sich bei unverändertem Datenkranz nur dann auch im nächsten Jahr, im übernächsten Jahr und in allen folgenden Jahren einstellen, wenn die Streikerwartung zumindest in der Tendenz, im Durchschnitt, auch der tatsächlichen Streiktätigkeit entspricht. Hieraus entsteht nun allerdings ein Problem, das besonders deutlich wird, wenn man in das Hicks-Diagramm die Indifferenzkurven der beiden Tarifparteien einzeichnet.

Ein Streik ist für jeden Verhandlungspartner kostspielig. Folglich verändert sich das Nutzenniveau der Gewerkschaften nur dann nicht, wenn sie für in Kauf genommene Streikkosten durch höhere Lohnabschlüsse kompensiert werden. Ihre Indifferenzkurven haben deshalb eine positive Steigung, ihr Nutzenniveau nimmt in nordwestlicher Richtung zu. Die Arbeitgeber müssen für längere Streiks durch tiefere Lohnabschlüsse entschädigt werden. Ihre Indifferenzkurven bzw. Isoprofitkurven weisen somit eine negative Steigung auf und ihre Gewinne nehmen in südwestlicher Richtung zu (Abb. 3.2).

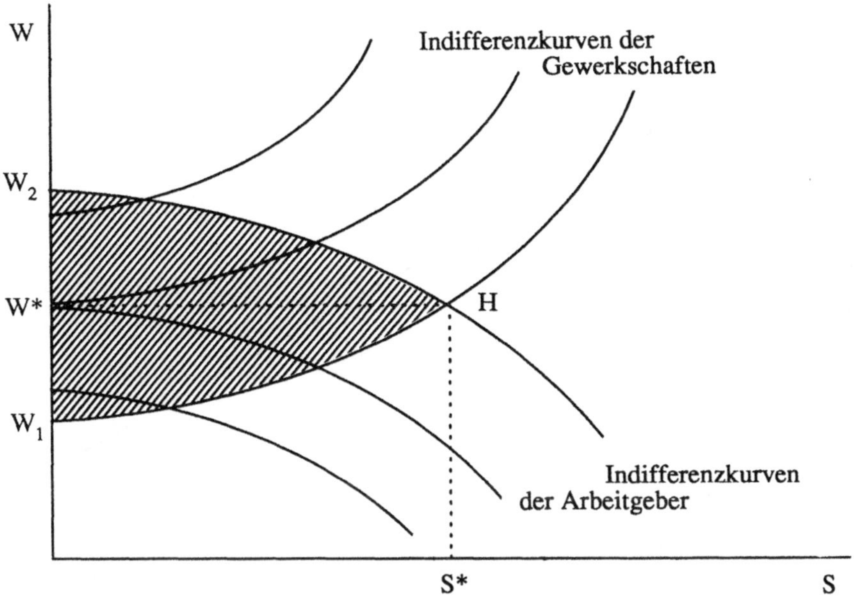

Abb. 3.2: Indifferenzkurven der Tarifparteien im Modell von Hicks

Diese Überlegungen verdeutlichen nun, dass die Hickssche Verhandlungslösung H nicht paretoeffizient ist. Jeder Punkt im offenen schraffierten Bereich verbessert die Lage *beider* Tarifpartner im Vergleich zu H und ist damit *paretosuperior*. Paretoeffizient sind letztlich nur Punkte auf der Ordinate zwischen W_1 und W_2. Die Hicks-Lösung H liegt nicht auf dieser Kontraktkurve, erklärt somit zwar das in der Realität zu beobachtende Auftreten von Streiks, aber eben auf der Grundlage *irrationalen* Verhaltens beider Tarifpartner.

Schon vor Hicks wurde von Zeuthen (1930) der Versuch einer Einbeziehung der Streikvariable in den Lohnbildungsprozess unternommen. Im Gegensatz zu Hicks berücksichtigt Zeuthen explizit unsichere Erwartungen auf Seiten beider Tarifpartner. Aufgrund eines ökonomischen Nutzen-Kosten-Kalküls verbinden sowohl Gewerkschaften als auch Arbeitgeber mit jedem zur Disposition stehenden Lohnsatz eine bestimmte maximale Risikobereitschaft, welche als die Wahrscheinlichkeit des Ausbruchs eines Arbeitskampfs definiert ist. Für die Gewerkschaften nimmt diese Risikobereitschaft mit steigendem Lohnsatz ab, für die Arbeitgeber dagegen zu. Diese Zusammenhänge sind durch die Kurven GG und AA in Abb. 3.3 wiedergegeben.

Bei richtiger Einschätzung der Risikobereitschaft des Gegenübers einigen sich die Verhandlungspartner auf den Lohnsatz W*, bei dem die Risikobereitschaften identisch sind.

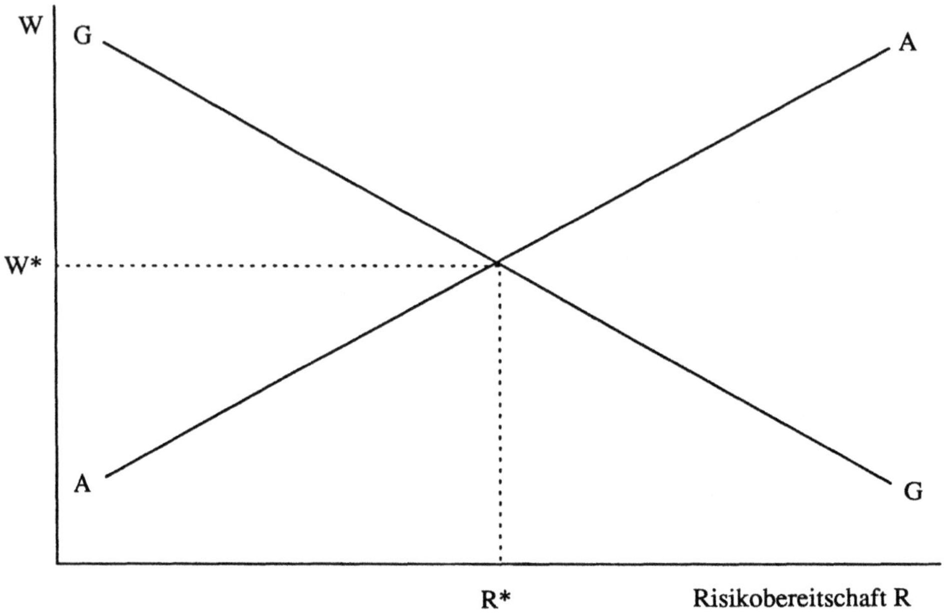

Abb. 3.3: Das Modell von Zeuthen

Die Ansätze von Hicks und Zeuthen besitzen mehr als nur optische Ähnlichkeit. Unterstellt man nämlich bei Zeuthen, dass Gewerkschaften und Arbeitgeber eine feste Vorstellung von der Dauer eines einmal ausgebrochenen Arbeitskonflikts haben, dann ist die erwartete Streikdauer eine monoton ansteigende Funktion der erwarteten Wahrscheinlichkeit eines Konfliktausbruchs. Die Risikobereitschaft lässt sich dann direkt in eine Streikbereitschaft (gemessen als erwartete Streikdauer) überführen. Das Zeuthen-Diagramm besitzt dann die gleichen Koordinatenbezeichnungen wie das Hicks-Diagramm und beide Modelle entsprechen sich in qualitativer Hinsicht.

Die letzte Aussage bezieht sich allerdings nur auf die komparative *Statik* beider Modelle und nicht auf mögliche *dynamische* Implikationen, mit denen sich Zeuthen weit intensiver beschäftigt hat als Hicks. Deshalb erscheint sein Ansatz zur Analyse von Verhandlungs*prozessen* vergleichsweise besser geeignet.

3.2. ROSS: EINE NEUE PERSPEKTIVE

An der Spitze einer gelegentlich als *'California School' of industrial relations* bezeichneten Forschungsrichtung[1] vertrat Ross (1950) eine neue, sich von Vorläufern

[1] Weitere wichtige Vertreter sind Kerr (1948) und Rees (1962).

wie Zeuthen (1930) und Hicks (1932) aber auch von Zeitgenossen wie Dunlop (1950) grundlegend unterscheidende Ansicht. Auf das Wesentliche reduziert sind an seiner Position wohl zwei Dinge neu:

(i) Zunächst argumentiert er, am kollektiven Verhandlungsprozess seien mehr als die traditionellen zwei Akteure beteiligt. Dies ergibt sich daraus, dass insbesondere Gewerkschaften sehr heterogen sind und ihr Verhalten von einem Netz komplexer *politischer Beziehungen* zwischen den verschiedenen Gruppen geprägt ist.

(ii) Ross argumentiert nun weiter, der Versuch der Gewerkschaftsführung, dieses delikate politische Beziehungsnetz auszubalancieren, sei nicht mehr mit einem ökonomischen Maximierungsmodell zu beschreiben. Dies gilt zum einen, weil politischer Interessenausgleich per se ökonomisch irrational erscheinen mag, zum anderen, weil der Gewerkschaftsführung neben ökonomischen auch politische Ziele zugeschrieben werden.

Kenner der Arbeiten von Ross mögen nun mit einigem Recht gegen die hier vorgenommene Verballhornung der in Wahrheit sehr sophistizierten Argumentation von Ross protestieren. Dem ist entgegenzuhalten, dass es hier nicht um eine angemessene Gesamtentwürdigung seines Werkes geht, sondern um das Herausstreichen der Idee, welche die *ökonomische* Streikforschung bleibend, im theoretischen und empirischen Bereich geprägt hat.

3.3. DAS MODELL VON ASHENFELTER UND JOHNSON

Einen Meilenstein in der ökonomischen Streikforschung stellt die 1969 erschienene Arbeit von Ashenfelter und Johnson dar. Obwohl die Grundüberlegungen dieses Modells durchaus schon in den erwähnten früheren Arbeiten von Ross (1950) zu erkennen sind, gebührt Ashenfelter und Johnson doch das Verdienst, das politische Streikmodell erstmals analytisch ausformuliert und anschliessend auch mit modernen ökonometrischen Methoden empirisch überprüft zu haben. Heute ist dieses Modell allerdings nicht mehr unumstritten. Wir werden weiter unten auf Kritik an einzelnen Aspekten des Modells und auf vorgelegte Verbesserungsvorschläge eingehen, aber auch alternative Streikerklärungen kennenlernen, die den grundlegenden Ansatz des politischen Streikmodells in Frage stellen. Zunächst soll jedoch das Modell von Ashenfelter und Johnson in seinen wesentlichen Aspekten verbal umrissen und dann formal entwickelt werden.

Das Modell kennt nicht mehr nur zwei Akteure wie dasjenige von Hicks, sondern, die Überlegungen von Ross (1950) aufgreifend, deren drei: die *Gewerkschaftsführung* (oder -funktionäre), die *Gewerkschaftsmitglieder* und die *Arbeitgeber*. Die Beziehungen zwischen diesen drei Akteuren werden durch einen Zustand der Asymmetrie geprägt; nicht durch eine Asymmetrie der Interessen, mit den ersten beiden Akteuren auf der einen und dem dritten Akteur auf der anderen Seite, wie dies häufig unterstellt wird, sondern durch eine Asymmetrie im Informationsstand: Die Gewerkschaftsfunktionäre und die Arbeitgeber sind vollständig über die gegenseitigen Reaktionsmuster und die Verhaltensdeterminanten der Gewerkschaftsmitglieder informiert. Die Gewerkschaftsmitglieder reagieren in Unkenntnis der Zielfunktionen von Gewerkschaftsfunktionären und Arbeitgebern rein mechanistisch auf eine Reihe ökonomischer Grössen.[2]

Konkret gehen die Gewerkschaftsmitglieder zu Beginn einer Lohnverhandlung davon aus, dass ohne einen Streik eine Lohnzuwachsrate w_o angemessen und durchsetzbar ist. Kommt es zu einem Arbeitskampf, erkennen sie mit zunehmender Streikdauer S, dass ihre Erwartung ursprünglich zu hoch war und reduziert werden muss. Die zu jedem Zeitpunkt während eines Arbeitskampfes von den Gewerkschaftsmitgliedern erwartete Lohnzuwachsrate w sei nun durch folgende funktionale Beziehung bestimmt:

$$w = w_u + (w_o - w_u) \exp(-aS). \tag{3.1}$$

w_o gibt die zu Verhandlungsbeginn erwartete Lohnzuwachsrate an. w_u ist der Erhöhungssatz, unter dem die Mitglieder auch bei einer gegen unendlich gehenden Streikdauer nicht abschliessen möchten. Dieser Satz kann durchaus negativ sein. Die Existenz einer Untergrenze für die Lohnzuwachsrate ist allerdings keine notwendige Voraussetzung für die Ableitung der Resultate von Ashenfelter und Johnson. a ist ein positiver Parameter.

Für die Gewerkschaftsführung wird unterstellt, dass sie ihren eigenen Interessen dann am besten dient, wenn sie die Lohnerwartungen oder -ansprüche der Mitglieder nicht enttäuscht.[3] Sie vermeidet es deshalb unter allen Umständen, sich mit den Unternehmern auf eine Lohnzuwachsrate zu einigen, die unter dem momentan von

[2] Somit, und dies wird aus dem unten folgenden Modell noch deutlicher hervorgehen, greifen Ashenfelter und Johnson von den beiden zentralen Ideen von Ross nur eine auf, nämlich diejenige, dass an Tarifverhandlungen mehr als zwei Partner beteiligt sind. Sie folgen Ross nicht bei dessen Überlegungen, das Ergebnis von Tarifverhandlungen werde damit im Kern politisch bestimmt und sei nicht mehr als Resultat ökonomischen Optimierungsverhaltens zu beschreiben.

[3] Dieses Verhalten ist dann mit Nutzenmaximierung der Gewerkschaftsführung kompatibel, wenn die innergewerkschaftliche Demokratie perfekt funktioniert. Wenn sie das nicht tut, und das dürfte in der Praxis die Regel sein, müsste man einräumen, dass die Gewerkschaftsführung auftretende diskretionäre Spielräume und Trade-offs zur Realisierung eigener Vorstellungen und Wünsche nutzt. Parallele Überlegungen hierzu gibt es ja im Rahmen der Neuen Politischen Ökonomie bei der Analyse des Regierungsverhaltens. Siehe z.B. Frey und Schneider (1979).

den Mitgliedern erwarteten Wert liegt. Überschreitet nun die ursprüngliche Mitgliedererwartung w_0 den durchsetzbaren Wert, so reduziert die Gewerkschaftsführung die Mitgliedererwartung mittels eines Streiks solange, bis eine Einigung mit den Arbeitgebern möglich wird, die gleichzeitig die Mitglieder nicht enttäuscht. Ein Streik soll hier also die Gewerkschaftsmitglieder mit den realen Möglichkeiten vertraut machen und hat in diesem Sinne eine pädagogische Funktion. Aus den unterstellten Interessen der Gewerkschaftsführung ergibt sich nun, dass sie sich bei einer Lohnverhandlungsrunde genau an die ursprünglich nur für die Mitglieder geltende Gleichung 3.1 hält.

Das nach einer Einigung geltende Lohnniveau W ergibt sich aus dem vor der Verhandlung herrschenden Lohnniveau W' und der ausgehandelten Wachstumsrate:

(3.2) $$W = W'(1 + w).$$

Aus (3.1) und (3.2) folgt dann

(3.3) $$W = W'[1 + w_u + (w_o - w_u) \exp(-aS)].$$

Die Arbeitgeber maximieren den Gegenwartswert P* der künftigen Profite ihrer Unternehmen,

(3.4) $$P^* = \int_0^\infty P \exp(-bt)\, dt,$$

wobei sich die Profite P pro Rechnungszeitraum wie folgt berechnen:

(3.5) $$P = OC - AW - F.$$

A bezeichnet den Arbeitseinsatz, O den Güterausstoss, C das Preisniveau und F sind die fixen Kosten. b ist die Diskontrate der Unternehmen. Durch Einsetzen von (3.3), der den Arbeitgebern bekannten "Lernfunktion" der Gewerkschaftsmitglieder und Reaktionsfunktion der Gewerkschaftsführung, in (3.5) und der resultierenden Gleichung in (3.4), und unter Berücksichtigung der Tatsache, dass Profite erst wieder nach Beendigung des Streiks erwirtschaftet werden können, ergibt sich

(3.6) $$P^* = \int_S^\infty \{OC - AW'[1 + w_u + (w_o - w_u) \exp(-aS)]\} \exp(-bt)\, dt - \int_0^\infty F \exp(-bt)\, dt.$$

Nach Durchführung der Integration ergibt sich hieraus

(3.7) $P^* = \{OC - AW'[1 + w_u + (w_o - w_u) \exp(-aS)]\} \exp(-bS)/b - F/b.$

Der Gegenwartswert der Profite ist nunmehr ausschliesslich von vorgegebenen Parametern und der Streikdauer abhängig. Als Optimalbedingung erster Ordnung ergibt sich somit

(3.8) $dP^*/dS = 0,$

woraus folgt

(3.9) $S = (1/b)\ln[OC - AW'(1 + w_u)] / [(w_o - w_u)AW'(1 + a/b)].$

Die Bedingung zweiter Ordnung für ein Maximum,

(3.10) $d^2P^*/dS^2 = -a(1 + a/b)\, AW'(w_o - w_u) \exp(-aS) < 0,$

ist erfüllt, da $w_o - w_u > 0$.

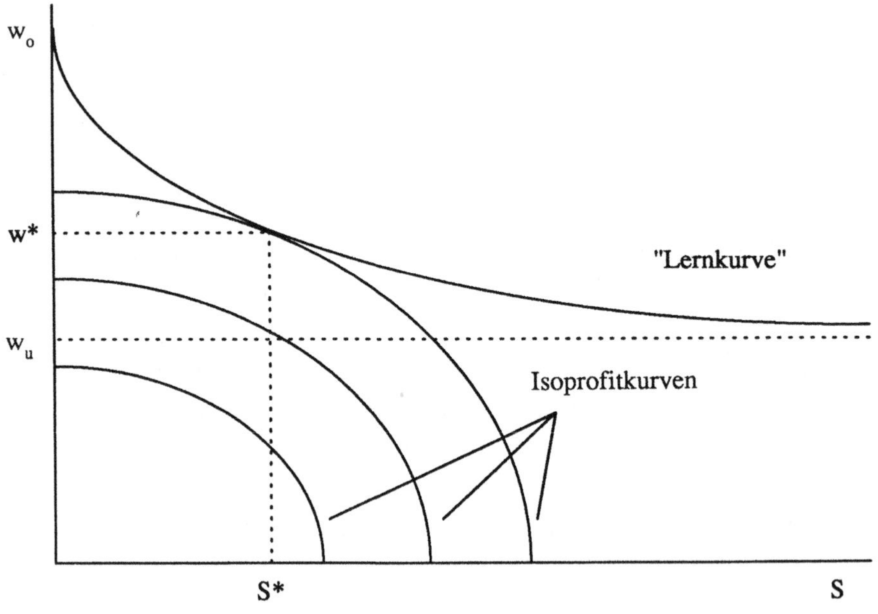

Abb. 3.4: Eine grafische Darstellung des Modells von Ashenfelter und Johnson

Abb. 3.4 bietet eine grafische Darstellung des Modells. Die "Lernfunktion" (3.3) der Gewerkschaftsmitglieder ist konvex und nähert sich asymptotisch w_u an. Die für die Unternehmen optimale Streikdauer S* und Lohnzuwachsrate w* lässt sich am besten mit Hilfe von Isoprofitkurven darstellen, die nach rechts oben abnehmende Profitniveaus repräsentieren.

Isoprofitkurven lassen sich unter Verwendung von (3.2), (3.4) und (3.5) ableiten. Nach Einsetzen von (3.5) in (3.4) und Stillegung von Arbeitseinsatz und Produktion für die Dauer des Streiks folgt

$$(3.11) \qquad P^* = \int_0^\infty (OC - AW) \exp(-bt)\, dt - \int_0^\infty F \exp(-bt)\, dt$$

$$= (1/b)(OC - AW) \exp(-bS) - F/b.$$

Nach Einsetzen von (3.2) in (3.11) und Auflösen nach w ergibt sich als Isoquante für das Profitniveau P_i

$$(3.12) \qquad w = (OC/Aw') - (1/AW')(bP_i + F) \exp(bS) - 1,$$

mit den ersten und zweiten Ableitungen

$$dw/dS = -(b/AW')(bP_i + F) \exp(bS) < 0$$

und

$$d^2w/dS^2 = -(b^2/AW')(bP_i + F) \exp(bS) < 0.$$

Die Isoprofitkurven der Unternehmen sind demnach konkav, und die Existenz eines Profitmaximums im Tangentialpunkt einer Isoprofitkurve mit der Lernkurve der Gewerkschaftsmitglieder ist garantiert (siehe Abb. 3.4).

Aus Gleichung 3.9 folgt, dass nur dann gestreikt wird, wenn

$$(3.13) \qquad w_o = \{OC - AW'[1 - (a/b)w_u]\} / [AW'(1 -1\ a/b)].$$

(3.13) lässt sich umschreiben zu

$$(3.14) \qquad w_o = [P' + F + (a/b)\, AW'w_u] / [AW'(1 + a/b)],$$

wobei P' den Periodengewinn zum *vor* Verhandlungsbeginn gültigen Lohnsatz darstellt.

Das zu erwartende Ausmass eines Streiks ist demnach umso grösser, je kleiner vor Verhandlungsbeginn das Gewinniveau im Verhältnis zur Lohnsumme war, je kleiner die minimale und je grösser die ursprüngliche Lohnzuwachserwartung der Mitglieder ist. Weitere Streikdeterminanten sind die unternehmerische Diskontrate b und der Lernkoeffizient a der Gewerkschaftsmitglieder.

Unterstellt man nun bei der empirischen Implementierung dieser Überlegungen mit Ashenfelter und Johnson, dass sich w_u, a und b nur langfristig und langsam ändern und somit approximativ als Konstante (bzw. allenfalls als Trendgrösse) behandelt werden dürfen und dass weiter die vor Verhandlungsbeginn geltenden Daten empirisch durch die Daten der Vorperiode anzunähern sind, so ergibt sich als Streikgleichung

$$(3.15) \qquad S_t = c_0 + c_1 w_{o,t} + c_2 [P_{t-1}/(AW)_{t-1}].$$

Ashenfelter und Johnson sehen drei Determinanten von w_o:

1. Die Arbeitslosenquote, mit negativem Vorzeichen. Mit zunehmender Arbeitslosigkeit werden die Lohnzuwachserwartungen der Gewerkschaftsmitglieder immer moderater.

2. Vergangene Lohnzuwachsraten, ebenfalls mit negativem Vorzeichen. Eine formale Rechtfertigung des postulierten Vorzeichens geben Ashenfelter und Johnson wie folgt:

Unterstellt wird zunächst eine positive Beziehung zwischen w_o und der Differenz zwischen dem erwarteten langfristigen Reallohnzuwachs r^l und dem gegenwärtig erwarteten Reallohnzuwachs r^k:

$$(3.16) \qquad w_{o,t} = d_0(r_t^l - r_t^k).$$

r_t^l setzt sich aus einer säkular gültigen Konstanten und einem gleitenden Durchschnitt vergangener Reallohnsteigerungen zusammen:

$$(3.17) \qquad r_t^l = (1 - d_1)d_2 + d_1 \Sigma_0^n g_i r_{t-i}.$$

r_t^k wird ausschliesslich als gleitender Durchschnitt vergangener Reallohnsteigerungen bestimmt:

$$(3.18) \qquad r_t^k = \Sigma_0^m f_i r_{t-i}.$$

Nach Einsetzen von (3.18) und (3.17) in (3.16) erhält man unter Zugrundelegung der Annahme $m = n \equiv p$

$$(3.19) \qquad w_{o,t} = d_0(1 - d_1)d_2 + d_0 \Sigma_0^p (d_i g_i - f_i) r_{t-i}.$$

Durch die Gewichtung der g's mit $d_1 < 1$ kann man davon ausgehen, dass die f-Koeffizienten dominieren und w_o somit negativ mit vergangenen Reallohnzuwachsraten verbunden ist.

Diese Begründung der negativen Vorzeichen früherer Lohnzuwachsraten erscheint allerdings als eher schwaches und unplausibles Glied im Modell von Ashenfelter und Johnson und wird noch zu diskutieren sein.

3. Als dritte Determinante von w_0 wird die Relation zwischen Unternehmensgewinnen und Lohnsumme gesehen. Waren die Unternehmensgewinne in der Vergangenheit vergleichsweise hoch, gehen die Gewerkschaftsmitglieder davon aus, dass sie höhere Lohnzuwächse verdienen und auch durchsetzen können.

Verbindet man nun die Überlegungen zu den Bestimmungsgründen von w_o mit (3.15), modifiziert sich diese Gleichung zu

$$(3.20) \qquad S_t = h_0 + h_1 U_t + \Sigma h_{2i} r_{t-1} + h_3 [P_{t-1}/(AW)_{t-1}],$$

mit h_1, $h_{2i} < 0$ und einem im Vorzeichen unbestimmten Koeffizienten h_3. Die Wirkungsrichtung von $P_{t-1}/(AW)_{t-1}$ hängt von zwei entgegengesetzten Partialeffekten ab und ist deshalb a priori offen: Relativ hohe Gewinne fördern zum einen die Kompromissbereitschaft der Arbeitgeber und dies lässt ceteris paribus ein niedrigeres Streikniveau erwarten; zum anderen steigen die Ausgangserwartungen der Gewerkschaftsmitglieder mit in Relation zur Lohnsumme steigenden Gewinnen, was partiell das Streikvolumen erhöht.

Empirisch hat sich der letzte Term auf der rechten Seite von Gleichung 3.20 als wenig leistungsfähig und in der Regel vernachlässigbar erwiesen. Dies mag daran liegen, dass sich die genannten Partialeffekte oft neutralisieren, aber auch daran, dass die benötigten Daten über Unternehmensgewinne oft qualitativ schlecht oder gar nicht erhältlich sind. Primär aus dem zuletzt genannten Grund werden wir bei der empirischen Anwendung einer noch zu formulierenden Variante des eben vorgestellten Modells auf die Bundesrepublik den dritten Rechthandterm in (3.20) ausklammern.

3.4. KRITIK UND WEITERENTWICKLUNGEN

Im folgenden wollen wir uns mit einigen Schwachstellen des Modells von Ashenfelter und Johnson auseinandersetzen, die wohl zu einem wesentlichen Teil von der spezifisch angelsächsischen Perspektive der Autoren herrühren und anschliessend im Hinblick auf eine empirische Anwendung des politischen Streikmodells auf Deutschland eine theoretische Verallgemeinerung anstreben.

Beginnen wir mit einer Übersetzung des Modells von Ashenfelter und Johnson in eine in der Tradition des Hicks-Modells stehende Terminologie. Dabei wollen wir auch die im Grunde inflationsfreie und stationäre Wirtschaft des Ashenfelter-und-Johnson-Modells verlassen und davon ausgehen, dass die Gewerkschaften nicht mehr um Nominallohnzuwachsraten verhandeln, sondern um *erwartete Reallohnsteigerungsraten*. Somit misst in Abb. 3.5 die Ordinate anstelle von w nun r.[4] Zur weiteren Vereinfachung der zeichnerischen Darstellung sind die Isoprofitkurven nun linearisiert.

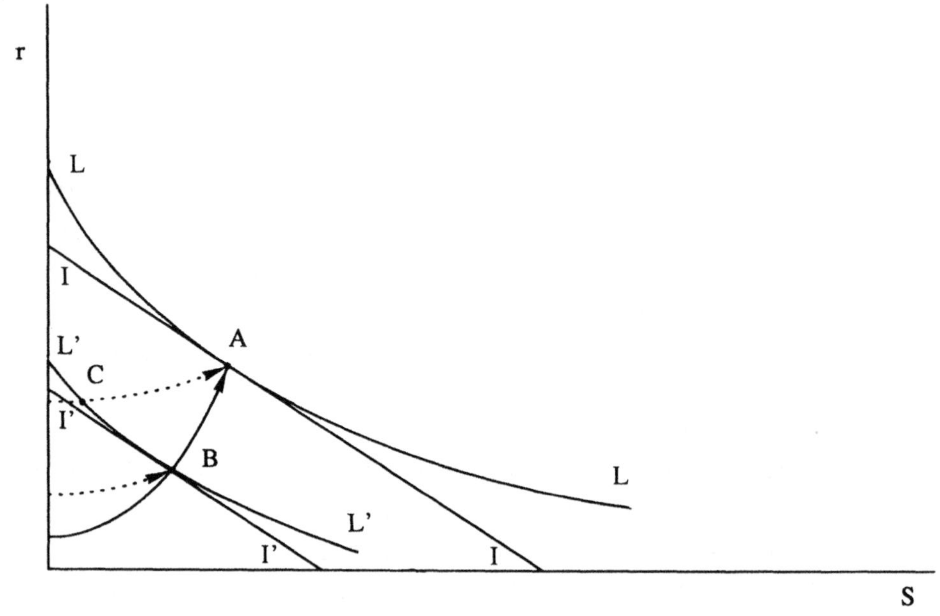

Abb. 3.5: Eine hicksianische Interpretation des Modells von Ashenfelter und Johnson

Die Lernkurve LL tangiert die Isoprofitkurve II im Lösungspunkt A. Hierbei haben wir in LL eine dynamische Repräsentation der Entwicklung der um die Infla-

---

[4] Verzichtet man im deterministischen Modell auf eine Unterscheidung zwischen ex-ante- und ex-post-Reallohnsteigerung, unterstellt man implizit vollkommene Voraussicht.

tionserwartungen bereinigten Lohnforderungen der Gewerkschaften im Verlaufe eines Arbeitskampfes. Dieser zeitliche Aspekt wird durch angebrachte Pfeile angedeutet.

Als mögliche allgemeine Formulierung dieser Lernkurve verwenden wir im folgenden

$$(3.21) \qquad r_t^G = B(r_{o,t}, S_t), \qquad B_{r_{o,t}} > 0;\ B_S < 0;\ B_{SU}, B_{SS} > 0;$$

$$B(r_{o,t}, 0) = r_{o,t}$$

wobei

$$(3.22) \qquad r_{o,t} = F[H^n(L) r_{t-1}, U_t] \qquad F_r < 0; F_U < 0$$

und

$$(3.23) \qquad H^n(L) \equiv h_0 + h_1 L + h_2 L^2 + \ldots + h_n L^n,$$

wobei L der Lagoperator ist mit der Eigenschaft $L^i x_t = x_{t-i}$.

r^G bezeichnet nun die Lohnforderung der Gewerkschaften. Unter Verwendung von (3.22) und (3.23) präzisiert sich (3.21) somit zu

$$(3.21') \qquad r_t^G = G[H^n(L) r_{t-1}, U_t, S_t]. \qquad G_r < 0; G_U < 0$$

Bezüglich des Arbeitgeberverhaltens liefert das Modell von Ashenfelter und Johnson nur Aussagen über das letztlich angestrebte und realisierte Verhandlungsergebnis. Aussagen über die *Entwicklung* der Arbeitgeberofferten *im Verlaufe einer Verhandlungsrunde* - in Analogie zur Lernkurve der Gewerkschaftsmitglieder, die ja die Entwicklung der Gewerkschaftsforderungen im Verlaufe einer Tarifrunde widerspiegelt - finden sich dagegen nicht.

Für das Verhandlungs*ergebnis* spielt es im *deterministischen* Modell keine Rolle, wie sich das Arbeitgeberangebot entwickelt, solange der Pfad die Lernkurve im anvisierten Punkt A schneidet und links von A unterhalb der Lernkurve liegt. Der bei Gültigkeit der Lernkurve LL angestrebte Optimalpunkt A kann somit z.B. sowohl über den gestrichelten Pfad als auch über den durchgehenden Pfad erreicht werden. Gleiches gilt für den bei Gültigkeit von L'L' abzuleitenden Optimalpunkt B.

Bei nicht vollkommener Sicherheit der Arbeitgeber über die Lage der gewerkschaftlichen Lern- oder Konzessionskurve gilt das Theorem von der Irrelevanz des Angebotspfads der Arbeitgeber für das Verhandlungsergebnis nicht mehr. Betrachten wir den Fall, dass die Arbeitgeber an LL glauben und A anstreben. Irren sich nun die Arbeitgeber und liegt die Lernkurve tatsächlich bei L'L', so führt der durchgehende Angebotspfad zum Einigungspunkt B, der gestrichelte zu C. B liegt auf einer höheren Isogewinnkurve und ist somit C vorzuziehen. Man kann sich leicht durch weitere Beispiele davon überzeugen, dass der durchgehende Angebotspfad - der Locus aller Tangentialpunkte zwischen Lernkurven und Isoprofitkurven - allen anderen Angebotspfaden in dem Sinne überlegen ist, dass er den aus möglichen Fehleinschätzungen zu erwartenden Schaden minimiert.

Wir können somit davon ausgehen, dass unter den spezifischen Annahmen des Ashenfelter-und-Johnson-Modells die Arbeitgeberofferten r^A einer festen, weder von der Arbeitslosigkeit noch von der vergangenen Lohnentwicklung tangierten Konzessionskurve folgen. Somit gilt

(3.24) $$r_t^A = I(S_t). \qquad I_S > 0$$

Im Optimum gilt

$$r_t^G - r_t^A = 0 = G[H^n(L)r_{t-1}, U_t, S_t] - I(S_t)$$

$$= Q[H^n(L)r_{t-1}, U_t, S_t].$$

Da die partiellen Ableitungen von Q annahmegemäss existieren und $Q_S = G_S - I_S < 0$, definiert Q in der Nachbarschaft des Optimums eine implizite Funktion

$$S_t = q[U_t, H(L)r_{t-1}].$$

Aus der Anwendung der impliziten-Funktionen-Regel ergibt sich

$$S_U = -Q_U/Q_S = -G_U/(G_S - I_S) < 0$$

und

$$S_r = -Q_r/Q_S = -G_r/(G_S - I_S) < 0.$$

Diese Zusammenhänge entsprechen, wie angestrebt, den Postulaten des Ashenfelter-und-Johnson-Modells.

Gegen den im Ashenfelter-und-Johnson-Modell abgeleiteten Einfluss der Arbeitslosenquote auf die Streiktätigkeit lässt sich einwenden, dass das Modell zum einen zu sehr an den institutionellen Gegebenheiten des angelsächsischen Raumes orientiert ist und zum anderen im Grunde eine vollbeschäftigte Wirtschaft beschreibt. Beide Aspekte bestimmen massgeblich die Position der Konzessionskurve und der Widerstandskurve (Lernkurve) im r-S-Diagramm.

Charakteristisch für das Modell von Ashenfelter und Johnson ist ja, dass die Beschäftigungssituation zwar die Position der Lernkurve bestimmt, aber keinen Einfluss auf die Isogewinnkurven der Unternehmen hat. Ersteres mag dann sinnvoll sein, wenn die soziale Absicherung von Arbeitnehmern im Falle von Streiks relativ schwach ist, wie z.B. in den angelsächsischen Ländern.[5] Die Arbeitnehmer werden dann die Abhängigkeit des Entlassungsrisikos und der zu erwartenden finanziellen Einbussen nach einem eventuellen Stellenverlust von der Beschäftigungssituation sehen und ihre Lohnzuwachserwartungen (und damit das Streikrisiko) mit zunehmender Arbeitslosigkeit reduzieren. In typischen Wohlfahrtsstaaten mit nahezu vollkommener sozialer Absicherung hingegen - man denke an die skandinavischen Länder, an die Niederlande, aber auch an die Bundesrepublik -, wo Arbeitnehmer kein Arbeitsplatzrisiko bei (legalen) Streiks tragen und, gemessen an der Situation in den angelsächsischen Ländern, vergleichsweise bescheidene materielle Einbussen bei Arbeitsplatzverlusten hinnehmen müssen,[6] erscheint die Annahme realitätsnäher, dass die Lohnerwartungen der Gewerkschaftsmitglieder nicht auf Veränderungen der Arbeitslosenquote reagieren. Für ausgeprägte Wohlfahrtsstaaten würde somit in (3.22) sinnvollerweise das Argument U entfallen, womit (3.21') zu

$$(3.21'') \quad r_t^G = G[H^n(L)r_{t-1}, S_t] \qquad G_S < 0$$

wird.

Die Isogewinnkurven der Unternehmen geben die relativen Kosten von Lohnzugeständnissen und streikbedingten kurzfristigen Produktionseinbussen in der Gewinnkalkulation wieder. Nun ist aber zu bedenken, dass sich streikbedingte kurzfristige Produktionseinbussen nur bei annähernder Vollbeschäftigung in vergleichbarem Masse im Periodenergebnis zeigen. Besteht Unterbeschäftigung bei vorhandenen Leerkapazitäten - dieser Zusammenhang ist zwar nicht zwingend, sicher aber in der Tendenz vorhanden -, so ergibt sich für die Unternehmen die Möglichkeit, erlittene Produktionseinbussen durch vorübergehende Erhöhungen der Kapazitätsauslastung wieder

---

[5] In England besteht ja beispielsweise während eines Streiks kein Kündigungsschutz.

[6] Dies ist natürlich keine absolute Wertung, sondern dient nur einer Klassifikation der Länder.

wettzumachen.[7] Dies wird kaum vollständig und nur zu erhöhten Grenzkosten möglich sein. Die Chancen einer rentablen Aufarbeitung aufgetretener Produktionsausfälle werden jedenfalls in der Tendenz umso besser sein, je höher die Zahl der Stellensuchenden ist und je grösser die Leerkapazitäten sind.

Aus dieser Überlegung folgt, dass Streiks die Unternehmen mit zunehmender Arbeitslosigkeit immer weniger treffen.[8] Um die Gewinnsituation in gleicher Weise zu beeinträchtigen wie ein Lohnzugeständnis in Höhe eines Prozents, bedarf es bei steigender Arbeitslosigkeit eines immer grösseren Streikvolumens. Das bedeutet, dass die Isogewinnkurven flacher werden.

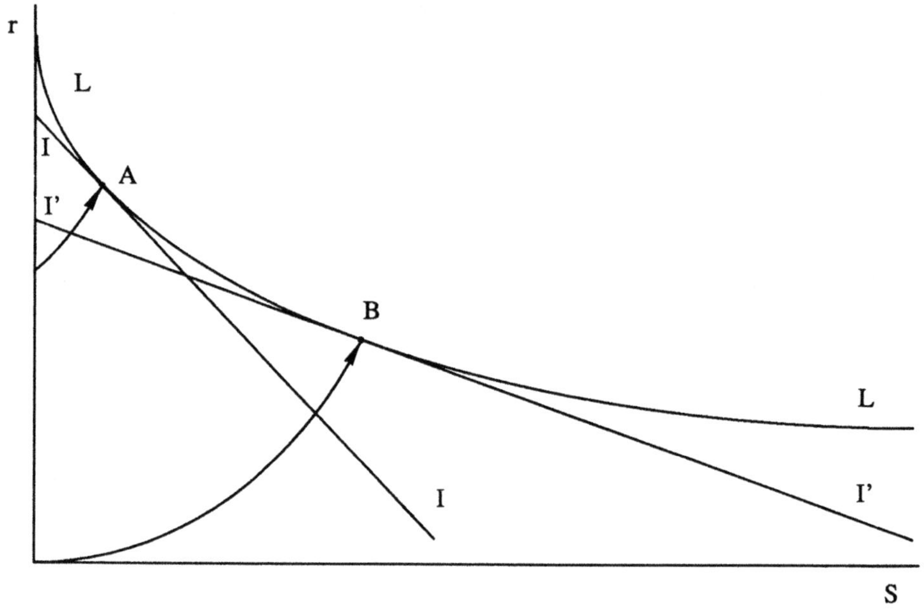

Abb. 3.6: Ein modifiziertes Streikmodell

Abb. 3.6 illustriert die Auswirkungen einer Zunahme der Arbeitslosigkeit im beschriebenen Wohlfahrtsstaatszenario. Dieses Szenario lässt sich als Pendant zum Ashenfelter-und-Johnson-Modell verstehen, in dem ja nur die Lernkurve auf eine Veränderung der Arbeitslosenquote reagiert, die Isogewinnkurven dagegen nicht.

Im modifizierten Modell verändern die Gewerkschaftsmitglieder ihre Lohnan-

---

[7] Ein diese Behauptung stützendes Beispiel liefern die Streiks um die 35-Stunden-Woche im Jahr 1984 in der deutschen Automobilindustrie. Trotz massiver Produktionseinbussen im Sommer ergab sich eine Jahresproduktion "nach Plan".

[8] Vanderkamp (1976) vertritt allerdings die gegenteilige Meinung. Er argumentiert, das Risiko, einen Kunden wegen eines Streiks *auf Dauer* zu verlieren, sei umso grösser, je grösser die Arbeitslosigkeit und damit in der Regel die Leerkapazitäten bei anderen Unternehmen sind. Dieses Argument entfällt allerdings dann, wenn mindestens branchenweit verhandelt und gestreikt wird.

sprüche bei sich verschlechternder Arbeitsmarktlage nicht. Die Lernkurve bleibt bei LL. Dagegen verändert sich der Trade-off zwischen r und S in der Gewinnkalkulation der Unternehmen. Die Isogewinnkurven werden flacher, und der Tangentialpunkt zwischen LL und einer Isogewinnkurve verschiebt sich von A nach B. Nach den oben angestellten Überlegungen wird die optimale Verhandlungslösung B von den Unternehmen entlang einer Konzessionskurve angestrebt, die *unterhalb* der zu A führenden Konzessionskurve liegt. Somit verschiebt sich bei steigender Arbeitslosigkeit die Konzessionskurve nach unten. (3.24) modifiziert sich zu

(3.24') $r_t^A = I(U_t, S_t)$. $\qquad I_U < 0; I_S > 0$

Ein weiterer und naheliegender Ansatzpunkt für Kritik am Modell von Ashenfelter und Johnson ist der darin unterstellte Zusammenhang zwischen der zu Verhandlungsbeginn von den Gewerkschaftsmitgliedern antizipierten Reallohnzuwachsrate und vergangenen Reallohnzuwachsraten. Das Vorzeichen dieses Zusammenhangs ist deshalb von zentraler Bedeutung, weil es direkt das Vorzeichen der Abhängigkeit der Streiktätigkeit von früheren Reallohnsteigerungsraten bestimmt.

Dem eher bizarr modellierten Antizipationsverhalten bei Ashenfelter und Johnson, das zu negativer Abhängigkeit von $r_{o,t}$ zwischen r_{t-1} führt, lässt sich eine aus meiner Sicht plausiblere Formulierung gegenüberstellen, aus der sich positive Abhängigkeiten ergeben.

Es sei unterstellt, dass sich das für die Gewerkschaftsmitglieder akzeptable Eröffnungsangebot $r_{o,t}$ adaptiv an das erwartete langfristige Reallohnwachstum r_t^l anpasst. Dies lässt sich in allgemeiner Form wie folgt schreiben:

(3.25) $r_{o,t} = r_t^l - \Sigma_{i=1}^n c_i (r_{t-i} - r_t^l)$.

Das erwartete langfristige Reallohnwachstum bildet sich als gewichteter Durchschnitt der vergangenen Reallohnentwicklung:

(3.26) $r_t^l = \Sigma_{i=1}^m z_i r_{t-i}$.

Einsetzen von (3.26) in (3.25) ergibt

(3.27) $r_{o,t} = \Sigma_{i=1}^m z_i r_{t-i} - \Sigma_{i=1}^n c_i r_{t-i} + \Sigma_{i=1}^m c_i \Sigma_{j=1}^m z_j r_{t-i}$.

Tabelle 3.1 enthält nun die sich in (3.27) bei verschiedenen Verzögerungen ergebenden Koeffizienten zwischen $r_{o,t}$ und r_{t-i}.

TABELLE 3.1: KOEFFIZIENTEN UND LAGLÄNGE

	$i \leq m$	$i > m$
$i \leq n$	$z_i - c_i + c_i \Sigma z_j$	$-c_i + c_i \Sigma z_j$
$i > n$	z_i	0

Da (3.26) nur dann sinnvoll ist, wenn $\Sigma z = 1$, erwarten wir bis zu einer Laglänge i=m durchgehend positive Koeffizienten z_i und für weiter zurückreichende Verzögerungen Koeffizienten von null. Dies gilt unabhängig davon, ob wir Verzögerungen betrachten, die kürzer oder länger als n sind.

Genau wie in der Ashenfelter-und-Johnson-Variante des Modells gilt im aus (3.21"), (3.24') und (3.27) bestehenden Modell im Optimum

$$r_t^G - r_t^A = 0 = G[H^n(L)r_{t-1}, S_t] - I(S_t, U_t)$$

$$= Q[H^n(L)r_{t-1}, U_t, S_t].$$

Da nach dem impliziten-Funktionen-Theorem in der Nachbarschaft des Optimums

$$\text{(3.28)} \qquad S_t = q[U_t, H^n(L)r_{t-1}]$$

existiert, folgen aus der Anwendung der impliziten-Funktionen-Regel die komparativ-statischen Effekte

$$S_U = -Q_U/Q_S = I_U/(G_S - I_S) > 0$$

und

$$S_r = -Q_r/Q_S = -G_r/(G_S - I_S) > 0.$$

Aus für den Idealtypus des Wohlfahrtsstaates mit nahezu perfekter sozialer Absicherung plausiblen Annahmen erhalten wir also aus dem politischen Streikmodell einen positiven Zusammenhang zwischen U und S. Wenn die Arbeitslosigkeit steigt, nimmt auch die Streiktätigkeit zu! Die Ursache für diesen der Intuition zunächst zuwiderlaufenden Zusammenhang liegt darin, dass sozial gut abgesicherte Arbeitnehmer ihre Lohnansprüche bei steigender Arbeitslosigkeit nicht mehr nennenswert reduzieren, andererseits aber ein Streik die Unternehmen bei hoher Arbeitslosigkeit weniger trifft als bei Vollbeschäftigung.

Auch bezüglich des Einflusses vergangener Reallohnsteigerungsraten auf die Streiktätigkeit erhält man aus einem nach meinem Empfinden im Vergleich zur Ashenfelter-und-Johnson-Hypothese weniger speziellen Ansatz ein positives Vorzeichen. Kern des Ansatzes ist die Hypothese, dass mit zunehmenden Reallohnzuwachsraten auch die künftigen Ansprüche der Gewerkschaftsmitglieder steigen. Ceteris paribus bedarf es in dieser Situation eines längeren Streiks, um diese Ansprüche auf das realisierbare Mass zu reduzieren.

Kapitel 4

Kritik am herrschenden makroökonomischen Streikmodell

Trotz der dominierenden Rolle, welche dem politischen Streikmodell von Ashenfelter und Johnson seit seiner Entwicklung in der ökonomischen Streikforschung zukommt, ist auch ernstzunehmende Kritik gegen diesen Ansatz vorgebracht worden. Diese Kritik weist vor allem auf eine zentrale Schwäche des politischen Streikmodells hin: Die naive und rigide Lernfunktion der Gewerkschaftsmitglieder, nach der sich das Anspruchs- und Erwartungsverhalten an einigen nach Plausibilitätsüberlegungen ausgewählten makroökonomischen Variablen orientiert, aber nicht auf vergangene Fehleinschätzungen reagiert. Im folgenden soll diese Kritik entwickelt und ein in jüngster Zeit an Bedeutung gewinnender alternativer Erklärungsansatz der Streiktätigkeit dargestellt werden: Die analoge Interpretation von Arbeitskonflikten und Unfällen im Strassenverkehr.

4.1. ANALOGIE ZWISCHEN VERKEHRSUNFÄLLEN UND STREIKS

Eine in jüngerer Zeit an Bedeutung gewinnende Forschungsrichtung zieht eine Analogie zwischen dem Ausbruch von Streiks und dem Auftreten von Unfällen im Strassenverkehr.[1] Dieser Ansatz *erklärt allerdings zunächst nur eine Streikdimension,* die Streikhäufigkeit. Ist man, wie in der vorliegenden Arbeit, primär an einer Erklärung des Streikvolumens interessiert, muss die "Unfalltheorie" durch eine Erklärung der

---

[1] Vgl. Siebert und Addison (1981) oder Hirsch und Addison (1986). Die folgende Darstellung des Modells folgt der zuerst genannten Arbeit in wesentlichen Zügen.

Dauer von einmal ausgebrochenen Streiks ergänzt werden.

4.1.1. DARSTELLUNG DES MODELLS

Nach Peltzman (1975) maximieren Strassenverkehrsteilnehmer ihren Nutzen, der sich als Differenz zwischen ihren Einkommen und den erwarteten pekuniären und nicht-pekuniären Folgen eines Verkehrsunfalls ergibt. Da einerseits Zeit Geld ist und somit bei gegebener Fahrdistanz und höherer Geschwindigkeit mehr Zeit zum Geldverdienen bleibt, andererseits mit steigender Fahrgeschwindigkeit das Risiko und die erwarteten Kosten eines Unfalls zunehmen, wird nutzenoptimierendes Verhalten typischerweise zu Fahrgeschwindigkeiten führen, bei denen die Wahrscheinlichkeit eines Unfalls kleiner als eins aber grösser als null ist. Jeder *einzelne* Unfall ist nach dieser Sicht selbstverständlich ungewollt und die Folge fehlerhaften Verhaltens. Das *insgesamt* in Kauf genommene Unfallrisiko ist dagegen Resultat einer rationalen Entscheidung und der bewusst bezahlte Preis für die erreichte Zeitersparnis.

Überträgt man die Grundphilosophie dieses Modells auf den Prozess der kollektiven Lohnverhandlungen, so bietet sich folgendes Modell an: Betrachten wir in einem ersten Schritt die das *Verhalten der Gewerkschaft* bestimmenden Kalküle. Als Handlungsparameter der Gewerkschaften wird die *Dauer* der Tarifverhandlungen betrachtet. Eine zunehmende Verhandlungsdauer hat sowohl einen Nutzen als auch einen Kosteneffekt.

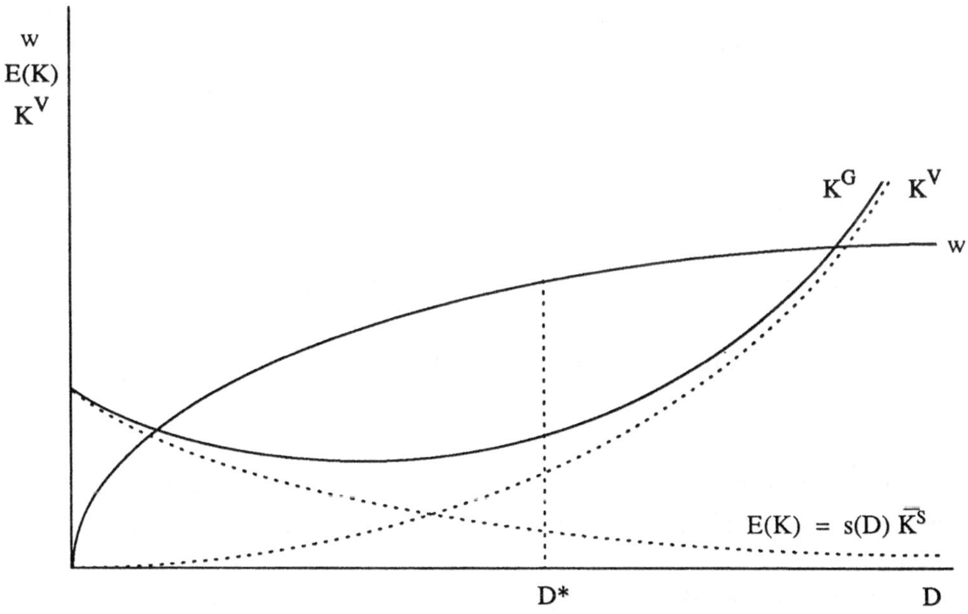

Abb. 4.1: Das "Accident"-Modell der Streikbestimmung

Der *Nutzeneffekt* besteht darin, dass die Gewerkschaft bei länger angesetzter Verhandlungsdauer D einen besseren Lohnabschluss w erwartet (siehe Abb. 4.1):

$$w = w(D). \qquad w' > 0;\; w'' < 0$$

Die Kurve besitzt also eine positive, aber mit zunehmendem D kleiner werdende Steigung. Dies impliziert eine positive, aber abnehmende Grenzproduktivität des in die Verhandlungen investierten Zeitaufwands.

Der *Kosteneffekt* einer wachsenden Verhandlungsdauer setzt sich aus zwei Komponenten zusammen. Zunächst nimmt die Wahrscheinlichkeit des Ausbruchs eines Streiks, s, mit zunehmender Verhandlungsdauer ab. Dahinter steht die Überlegung, dass ein von beiden Seiten unerwünschter und nur durch Fehleinschätzungen auslösbarer Konflikt umso unwahrscheinlicher ist, je mehr Zeit zur Auslotung der gegenseitigen Positionen zur Verfügung steht. Um die erwarteten Streikkosten E(K) zu erhalten, wird diese Ausbruchswahrscheinlichkeit mit den exogenen erwarteten Kosten eines einmal ausgebrochenen Streiks $\overline{K}^S$ multipliziert:

$$E(K) = s(D)\, \overline{K}^S. \qquad s' < 0;\; s'' > 0$$

Ein zweiter Kostenfaktor steigt mit zunehmender Verhandlungsdauer an. Er umfasst zunächst die direkten Aufwendungen für die Verhandlungsdelegation, die in etwa proportional zur aufgewendeten Zeit sein dürften. Daneben ergeben sich nach Siebert und Addison (1981) auch noch Kosten aus der Verschiebung einer vertraglichen Regelung, die Zwischenfinanzierungen und u.U. komplizierte und noch nicht sichere Rückdatierungen von späteren Abschlüssen erforderlich macht. Somit ergibt sich für die direkten Verhandlungskosten

$$K^V = K^V(D). \qquad K' > 0;\; K'' > 0$$

Die gesamten Kosten der Tarifverhandlungen berechnen sich dann als

$$K^G = K^G(D) = s(D)\, \overline{K}^S + K^V(D). \qquad \lim_{D \to \infty} K^{G\,\prime} > 0;\; K^{G\,\prime\prime} > 0$$

Wie in Abb. 4.1 gezeigt wird, setzt sich K^G also additiv aus den beiden gestrichelt gezeichneten Teilkostenkurven K^V und E(K) zusammen und hat normalerweise die Form eines U.

Das Modell beschreibt somit die in einem Maximierungsszenario erwünschte

Standardsituation zunehmender Grenzkosten und abnehmenden Grenznutzens. Die aus Gewerkschaftssicht optimale Verhandlungszeit D* ergibt sich somit bei Gleichheit von Grenzkosten und Grenznutzen, $w'(D^*) = K^{G}{}'(D^*)$, d.h. im maximalen vertikalen Abstand zwischen Nutzen- und Kostenkurve.

Für die *Arbeitgeberseite* postulieren Siebert und Addison ein qualitativ identisches Modell. Der Hauptunterschied zum "Gewerkschaftsmodell" besteht darin, dass als Nutzeneffekt die Profiterwartungen der Unternehmen umso besser werden, je mehr Zeit in die Tarifverhandlungen investiert wird. Den ins Auge fallenden Widerspruch zwischen mit steigendem D gleichzeitig steigenden Lohnabschlüssen *und* Profiten wischen Siebert und Addison mit dem Hinweis vom Tisch: "The upward slope of both curves is a result of the assumption that some care in negotiations makes both sides better off" (S. 392). Bei sonst analogem Nutzen-Kosten-Kalkül ergibt sich auch aus dem "Arbeitgebermodell" eine nun für diesen Tarifpartner optimale Verhandlungsdauer $\bar{D}^*$.

Nun ist a priori nicht zu erwarten, dass sich D* und $\bar{D}^*$ entsprechen. Die bei auftretenden Ungleichgewichten regulierenden Grössen sind hier die Verhandlungsnutzen der beiden Partner, die ja jeweils vom Gegner mitbestimmt werden. Wünschen die Arbeitgeber beispielsweise eine längere Verhandlungsdauer als die Arbeitnehmer, könnten erstere einer gewissen Umverteilung des Verhandlungsnutzens zugunsten letzterer zustimmen. Dies würde die Nutzenkurve der Arbeitnehmer nach oben verschieben, diejenige der Arbeitgeber nach unten, könnte beide Parteien besser stellen, und D* und $\bar{D}^*$ würden sich aufeinander zubewegen. Auf längere Sicht sollte sich somit eine Verteilung ergeben, bei der die Optimalbedingungen für beide Parteien bei einer Verhandlungsdauer $D^* = \bar{D}^*$ erfüllt sind.

Aus diesem Modell ergeben sich nun folgende, für unsere Zwecke interessante *komparativ-statische Implikationen:*

1. *Bei steigender Arbeitslosenquote sinkt die Streikhäufigkeit* "This is because at such times it is ... mutually acknowledged that wage increases ... are effectively constrained by the profits of firms. Since wage cuts are likely to be ruled out ..., the bargaining options may be said to be more narrowly defined" (Siebert und Addison, S. 395).

2. *Die Streikhäufigkeit sollte im Prinzip unabhängig von vergangenen Reallohnsteigerungsraten sein.* Siebert und Addison mutmassen allerdings, "we would expect a positive association on the reasoning that change breeds uncertainty" (S. 399). Sie relativieren dies jedoch selbst im nächsten Satz: "High past wage increases seem just as likely to cause divergence as convergence in the two sides' expectations"; und räumen ein: "(T)here is little theoretical justification for this variable".

4.1.2. KRITIK DES MODELLS

Eine Einschätzung des "Unfallmodells" kann man sowohl aus theoretischer Sicht als auch aufgrund seiner empirischen Leistungsfähigkeit vornehmen.

Auf *theoretischer Ebene* ist festzuhalten, dass das Unfallmodell an einer anerkannten Schwäche des politischen Streikmodells ansetzt: Der asymmetrischen Behandlung der beteiligten Akteure und insbesondere der postulierten Lernunfähigkeit der Gewerkschaftsmitglieder. Die an sich begrüssenswerte Überwindung dieser Schwäche wird allerdings mit Annahmen und Implikationen erkauft, die ihrerseits wieder Kritik herausfordern. Vier Punkte erscheinen besonders wichtig:

1. Das Unfallmodell ist ein Gleichgewichtsmodell, das wohl primär zur Erklärung langfristiger Trends der Streikhäufigkeit geeignet ist. Unterstellt wird ja, dass die Aufteilung des Verhandlungsnutzens ex ante so festgelegt ist, dass beide Parteien die gleiche Verhandlungsdauer wünschen. Diese Situation mag sich auf längere Sicht einstellen. Es bleibt jedoch unklar, welche Reaktionen sich ergeben, wenn *während* einer Verhandlung bemerkt wird, dass die gewünschte Dauer differiert. Wegen den oft vor Verhandlungsbeginn publik gemachten Forderungen und Zielen der Parteien besteht in einer solchen Situation kurzfristig sicherlich weit weniger Umverteilungsspielraum als langfristig.

2. Die für das Unfallmodell zentrale Annahme, dass mit zunehmender Verhandlungsdauer sowohl die Löhne als auch die Profite steigen, wird mit wenig überzeugenden Argumenten vertreten. Wenn überhaupt, dann kann man dieser Annahme allenfalls bei Verhandlungen auf betrieblicher Ebene ein gewisses Mass an Plausibilität bescheinigen. Für zentralisiert geführte Lohnverhandlungen, bei denen es regelmässig einfach um die Verschiebung einer festen Lohnstruktur geht, ist sie eher skeptisch zu beurteilen.

3. Geht man aber davon aus, dass mit zunehmender Verhandlungsdauer tatsächlich sowohl Löhne als auch Profite steigen, so müsste man doch wohl generell sehr lange Tarifverhandlungen erwarten; und zwar deshalb, weil die anfallenden Kosten der Aufrechterhaltung eines Verhandlungsteams realistischerweise als trivial einzuschätzen sind. Die von Siebert und Addison noch angeführten Kosten der Zwischenfinanzierung und der Rückdatierung von Abschlüssen verschwinden im Gleichgewicht bei identischer gewünschter Verhandlungsdauer doch deshalb, weil die neuen Verhandlungen ja rechtzeitig vor Ablauf des letzten Vertrags begonnen werden können. Je länger also verhandelt wird, desto höher sind Löhne und Profite, desto geringer ist das Streikrisiko, und all das kostet nicht mehr als die Aufrechterhaltung einer Verhandlungsdelegation. Wieso sollte da nicht permanent verhandelt werden?

4. Das Modell erklärt, warum unter bestimmten Bedingungen Streiks vergleichsweise häufig ausbrechen. Es erklärt nicht, warum Streiks manchmal nur kurze Zeit

und manchmal lange dauern. Das Modell liefert somit keine vollständige Erklärung für den volkswirtschaftlich wohl am meisten interessierenden Konfliktindikator *Streikvolumen.*

Empirische Tests des "Unfallmodells" führen insgesamt zu gemischten Ergebnissen. Dabei ist allerdings zu beachten, dass die Mehrzahl dieser Tests auf Firmenebene, mit angelsächsischen Daten durchgeführt wurde. Betrachtet man gesamtwirtschaftliche Daten, und gerade deren Entwicklung interessiert ja im Rahmen eines makroökonomischen Modells, spricht die Evidenz eindeutig *gegen* das Unfallmodell. Dies gilt in besonderem Masse dann, wenn man west- und nordeuropäische Länder mit weitgehend zentralisierten Tarifverhandlungen betrachtet. Paldam und Pedersen (1982) schliessen aus zeitreihenanalytischen Schätzspezifikationen, ihre Ergebnisse für 17 Länder zusammenfassend, dass die Streikhäufigkeit in der Tendenz mit steigender Arbeitslosigkeit zunimmt.[2] Dies widerspricht einer Kernhypothese des "Unfallmodells".

Wegen diesem eher ernüchternden empirischen Abschneiden, wegen seiner Beschränktheit auf die Erklärung der Streikhäufigkeit und wegen seiner offensichtlichen Ausrichtung auf angelsächsische Verhältnisse mit stark dezentralisierten Gewerkschaften und Tarifverhandlungen, erscheint das "Unfallmodell" zum Einbau in ein makroökonomisches Modell der Bundesrepublik wenig geeignet. Die spätere empirische Analyse wird sich deshalb im Kern auf das politische Streikmodell stützen. Besonderes Augenmerk wird hierbei auf die Modifikationen dieses Modells für Wohlfahrtsstaaten mit zentralisierten Arbeitsmärkten gelegt. Darüber hinaus wird das theoretisch schwächste Glied des politischen Streikmodells, die Hypothese asymmetrischer Information respektive eines langfristig unerfüllbaren Lohnanspruchs der Gewerkschaftsmitglieder, einer besonders sorgfältigen Prüfung unterzogen.

4.2. KRITIK DER ERWARTUNGSBILDUNG DER GEWERKSCHAFTSMITGLIEDER

Kern und Ausgangspunkt der Kritik an der Erwartungsbildung der Gewerkschaftsmitglieder im politischen Streikmodell ist die Einsicht, dass die Gewerkschaftsmitglieder doch nicht wieder und wieder glauben können, eine Lohnzuwachsrate w_0 sei ohne Streik durchsetzbar, obwohl regelmässig ausgedehnte Streiks und niedrigere Lohnzuwachsraten $w < w_0$ resultieren. Die Implikationen dieser Kritik unterscheiden sich jedoch, je nachdem, wie weit man die Kritik treiben will.

In extremster Form kann man dem herrschenden Trend in der Forschung folgen und rationale Erwartungen bzw. Anspruchsbildung der Gewerkschaftsmitglieder unterstellen. Dieser sehr weit gehende Ansatz wurde meines Wissens bisher in der Forschung

---

2 Auch für die Bundesrepublik ergibt sich ein positiver Zusammenhang zwischen Streikvolumen und Arbeitslosigkeit. Siehe Gärtner (1985b).

noch nicht explizit vertreten. Seine Implikationen für die Streiktätigkeit lassen sich jedoch sehr leicht aufzeigen.

Gehen wir von der Finalgleichung des politischen Streikmodells in ihrer allgemeinen Form aus, die lautet

$$(4.1) \qquad S_t = c_0 + c_1 E(w_{o,t}) + c_2 \mathbf{V}_t.$$

Die Streiktätigkeit wird also bestimmt durch die zu Beginn der Lohnverhandlungsrunde in Periode t von den Mitgliedern ohne Streik für möglich und angemessen gehaltene Zuwachsrate $w_{o,t}$ und einen Vektor weiterer Variablen $\mathbf{V}_t$, den wir hier nicht näher spezifizieren müssen. Offen bleiben kann auch, ob ein spezifisches Element dieses Vektors die Streiktätigkeit über die Profite der Unternehmen oder über die Steigung der Lernkurve der Mitglieder beeinflusst.

Die Erwartungsbildung unter vollständiger Voraussicht, $E_v(w_{o,t})$, genügt der Gleichung

$$S_t = 0 = c_0 + c_1 E_v(w_{o,t}) + c_2 \mathbf{V}_t,$$

und lautet somit

$$E_v(w_{o,t}) = -(1/c_1)(c_0 + c_2 \mathbf{V}_t).$$

Rationale Erwartungen $E_R(w_{o,t})$ dürfen sich von diesem Wert nur um eine Zufallsgrösse ε_t unterscheiden, die keinen zusätzlichen Prognosegehalt für künftige Perioden besitzt, also einen Erwartungswert von Null besitzt und nicht autokorreliert ist:

$$(4.2) \qquad E_R(w_{o,t}) = E_v(w_{o,t}) + \varepsilon_t = -(1/c_1)(c_0 + c_2 \mathbf{V}_t) + \varepsilon_t.$$

Ersetzt man die Erwartungsvariable in (4.1) durch auf diese Weise bestimmte rationale Erwartungen, ergibt sich für die Streiktätigkeit

$$(4.3) \qquad S_t = c_0 + c_1 [-(1/c_1)(c_0 + c_2 \mathbf{V}_t)] + c_1 \varepsilon_t + c_2 \mathbf{V}_t$$

$$= c_1 \varepsilon_t.$$

Hierbei ist allerdings zu beachten, dass ein Streik ja nur dann ausbricht, wenn die ursprünglichen Erwartungen der Mitglieder zu hoch liegen, wenn also $E_R(w_{o,t}) > E_v(w_{o,t})$ bzw. wenn $\varepsilon_t < 0$. Gilt dagegen $E_R(w_{o,t}) \leq E_v(w_{o,t})$, werden Gewerkschaftsführung und Arbeitgeber ohne Arbeitskampf irgendwo im Bereich zwischen $E_R(w_{o,t})$ und $E_v(w_{o,t})$ abschliessen. (4.3) präzisiert sich nach diesen Überlegungen zu

$$(4.4) \qquad S_t = \begin{cases} c_1 \varepsilon_t & \text{für } \varepsilon_t > 0 \\ 0 & \text{für } \varepsilon_t \leq 0. \end{cases}$$

Bei rationalen Erwartungen der Gewerkschaften müssten wir somit gemäss dem politischen Streikmodell rechtsschief verteilte Streikdaten beobachten, deren Maximum in der niedersten Klasse liegt. Statistisch lassen sie sich als Zufallsziehungen aus einer Urne beschreiben, in der die positiven Ausprägungen einer Zufallsverteilung um den Erwartungswert Null und die gleiche Anzahl von Nullen liegen. Ein weiteres Charakteristikum von Streikdaten ist nach diesen Überlegungen - neben der genannten Rechtsschiefe und dem positiven Erwartungswert - die Absenz von Autokorrelation in der Zeit. Dies ist eine klare Aussage, die in Teil 3 empirisch überprüft werden soll.

Zu den genannten autoregressiven Eigenschaften des politischen Streikmodells unter der Annahme rationaler Erwartungen der Gewerkschaftsmitglieder gibt es ein passendes Gegenstück in der Theorie effizienter Märkte.[3] Dort wird abgeleitet, dass der Preis in einem effizienten Markt bei rationalen Erwartungen einem Zufallsmuster folgt, vergangene Preisbewegungen somit kein Prognosepotential besitzen. Genügt ein Markt diesem Kriterium, so spricht man von *schwacher Effizienz* (weak-form efficiency). Analog hierzu können wir also von schwacher Rationalität der Gewerkschaftsmitglieder sprechen, wenn S weiss ist.

In der Theorie effizienter Märkte spricht man dann von *halbstrenger Effizienz* (semi-strong-form efficiency), wenn vergangene Werte allgemein zugänglicher Daten nichts zur Erklärung des heutigen Preises beitragen. Allenfalls die unerwartete Veränderung solcher Zeitreihen in der laufenden Periode darf zu Preisbewegungen führen. Entsprechend müssen wir somit bei halbstrenger Rationalität der Mitgliedererwartungen im politischen Streikmodell davon ausgehen, dass keine strukturelle Streikerklärung möglich ist, oder dass in einer solchen Streikerklärung zumindest keine verzögerten Erklärungsvariablen auftauchen. Wir werden auch auf diesen Aspekt in Teil 3 zurückkommen.

Man muss nun allerdings nicht unbedingt so weit gehen und rationale Erwartungen für jeden Zeitpunkt eines begrenzten historischen Zeitraums unterstellen. Eine plausible Zwischenposition zwischen der Hypothese Rationaler Erwartungen und der notorischen Lernunfähigkeit der Gewerkschaftsmitglieder im Ashenfelter-Johnson-Modell ist es, einen *langsamen Lernprozess* zuzugestehen. Hierbei würde man zunächst

---

[3] Vgl. hierzu etwa Fama (1970) oder Caves und Feige (1980).

nur annehmen, dass die Gewerkschaftsmitglieder auf systematische Erwartungsfehler reagieren, die etwa nach strukturellen Veränderungen oder einem völligen Neubeginn auftreten können, wie es ihn ja gerade in Deutschland zu Beginn der 50er Jahre gab.

Das Auftreten von systematischen Erwartungsfehlern bedeutet ja nun, dass die von den Mitgliedern verwendete strukturelle Erwartungsgleichung, die ja letztlich auch die finale Streikgleichung bestimmt, nicht mehr gilt. Die Mitglieder werden in dieser Situation versuchen, entweder die Strukturkoeffizienten neu zu quantifizieren oder neue Variablen bei der Erwartungsbildung zu berücksichtigen bzw. auf alte zu verzichten. Beides bewirkt auf längere Sicht, dass sich die strukturelle Erklärung der Streiktätigkeit verändert. Damit wäre eine über einen längeren Zeitraum stabile empirische Streikerklärungsgleichung eigentlich nicht denkbar. Wenn die ökonomischen Rahmenbedingungen konstant sind, muss man nach diesen Überlegungen von einer Konvergenz der Erwartungen hin zu Rationalen Erwartungen ausgehen und die Streiktätigkeit muss zu weissem Rauschen und unabhängig von anderen ökonomischen Variablen werden. Verändern sich die ökonomischen Rahmenbedingungen in unregelmässigen Abständen, ist die Annahme permanenter Rationaler Erwartungen nicht überzeugend. In diesem Fall kann es immer wieder gelingen, leistungsfähige strukturelle Erklärungen der Streiktätigkeit für einzelne Zeiträume zu ermitteln. Je leistungsfähiger eine solche Erklärung jedoch zu einem gegebenen Zeitpunkt ist, desto grösser sind die Lernanreize für die Gewerkschaftsmitglieder und desto schneller wird die Erklärung somit wieder verschwinden. Der Überprüfung der strukturellen *Stabilität* der ermittelten Streikgleichungen wird unter diesem Gesichtspunkt im dritten Teil dieser Arbeit besondere Bedeutung zukommen.

Kapitel 5

Die Bedeutung von Streiks für die Lohndynamik

Der Zusammenhang zwischen Streiktätigkeit und Lohnentwicklung spielte bereits im letzten Kapitel eine wichtige Rolle. Es zeigte sich, dass unter gerade auch für die Bundesrepublik plausiblen Annahmen ein verzögerter positiver Effekt von der Reallohnentwicklung auf das Streikvolumen zu erwarten ist. Dies beschreibt jedoch nur eine Seite der Medaille. Im vorliegenden Kapitel wird die Rückseite betrachtet, die Möglichkeit einer *Beeinflussung der Lohnentwicklung durch die Streiktätigkeit.*

Diese Hypothese wurde in der Literatur in einem engen Zusammenhang mit der Phillips-Kurve - genauer: mit einer bestimmten Interpretation der Phillips-Kurve - diskutiert.[1] Grundüberlegung ist wohl die, dass Lohnverhandlungen typischerweise in einer einem bilateralen Monopol zumindest ähnelnden Situation stattfinden. Anders als in einer vollkommenen Konkurrenzsituation oder (nach Spezifizierung der Zielfunktion des Monopolisten) beim einseitigen Monopol lässt sich in der Theorie des bilateralen Monopols kein eindeutiger Gleichgewichtspreis angeben. Zumindest reichen rein wirtschaftliche Faktoren für eine solche Bestimmung nicht aus. Wirtschaftliche Faktoren bestimmen lediglich eine Ober- und eine Untergrenze. Innerhalb dieser Grenzen wird der tatsächliche Preis entweder durch die vollständige Dominanz eines Partners oder durch bilaterale Verhandlungen bestimmt.

Von dieser Überlegung ausgehend wurden in den 60er und 70er Jahren eine ganze Reihe von - zumindest aus heutiger Sicht - ad-hoc-Vorschlägen diskutiert,

---

[1] Eine ganze Reihe einschlägiger Arbeiten enthält der Sammelband von Laidler und Purdy (1974).

den von der Theorie des bilateralen Monopols der Lohnbildung belassenen Spielraum auszufüllen. Diese betonten, man müsse zwar möglicherweise zur Modellierung von Verschiebungen der Verhandlungsgrenzen bei der Formulierung einer Lohnbildungshypothese ökonomische Variablen mitberücksichtigen, wesentlicher sei aber das Erfassen von Veränderungen der *Verhandlungsmachtrelation* zwischen Arbeitgebern und Gewerkschaften. Empirische Implementierungen dieses zunächst sehr abstrakten Konzepts der relativen Verhandlungsmacht stützen sich dann in einer grossen Zahl von Arbeiten auf die leicht zugänglichen Grössen "Mitgliederzuwachs der Gewerkschaften" und "Streiktätigkeit". Im ersten Fall wird unterstellt, dass die Mitgliederentwicklung ein unverzerrter Indikator der Gewerkschaftsmacht oder -militanz ist;[2] im zweiten Fall wird die Streiktätigkeit direkt als manifeste Machtausübung oder Militanz angesehen.[3]

Wegen des schon damals heftig kritisierten fehlenden theoretischen Fundaments dieser Gewerkschafts-push-Varianten der Lohntheorie soll im folgenden ein anderer Weg eingeschlagen werden.[4] Ausgangspunkt der Überlegungen ist wieder das im letzten Kapitel entwickelte Verhandlungsmodell. Zwar fehlt auch diesem Modell eine mit letzter Konsequenz ausgearbeitete Mikrofundierung. Eine Ableitung aus expliziten Verhaltenspostulaten für die beteiligten Akteure wird aber zumindest versucht; augenscheinliche Widersprüche mit dem Radikalbild des *homo oeconomicus* werden problematisiert und zur Diskussion gestellt.

Im entwickelten politischen Modell kollektiver Tarifverhandlungen entscheiden Gewerkschaftsführung und Arbeitgeber über zwei Variablen: Die Tariflohnzuwachsrate und das Streikvolumen. Während die erstgenannte Grösse das eigentliche Verhandlungsziel darstellt, hat die letztgenannte eher einen aus den politischen Motiven der Gewerkschaftsführung entspringenden instrumentellen Charakter.

Die politische Orientierung der Gewerkschaftsführung fixiert das Verhandlungsergebnis auf die Aspirationskurve der Gewerkschaftsmitglieder. Das Streikvolumen, das unter diesen Umständen notwendig ist, um einerseits die Zustimmung der Gewerkschaftsmitglieder zu erreichen und andererseits das Verhandlungsergebnis auch aus der Sicht der Arbeitgeber optimal und damit akzeptabel zu machen, wurde im letzten Kapitel abgeleitet.

Der Einigungslohnsatz r_t ergibt sich *simultan* mit S_t. Benützen wir die Tatsache, dass die Einigung auch auf der Konzessionskurve der Arbeitgeber liegen muss und

---

[2] Dieser Vorschlag stammt ursprünglich von Hines (1964); vgl. auch Hines (1969) und Dogas und Hines (1975). Anwendungen für die Bundesrepublik Deutschland, mit eher negativen Ergebnissen, enthalten die Arbeiten von Fautz (1980) und Schnabel (1989).

[3] Empirische Anwendungen für Deutschland und weitere Literaturhinweise enthalten die Beiträge von Fautz (1979), Gärtner (1985b) und Schnabel (1989).

[4] Besonders prononciert wird diese Kritik formuliert in Purdy und Zis (1974).

verwenden wir die S_t betreffenden komparativ-statischen Zusammenhänge, dann lassen sich die r_t betreffenden Einflüsse ermitteln: Durch Einsetzen von (3.28) in (3.24') ergibt sich unter Berücksichtigung, dass $r^A = r^G = r$

$$(5.1) \qquad r_t = I\{U_t, q[U_t, H^n(L)r_{t-1}]\}.$$

Als vollständige Ableitung von r_t nach U_t folgt

$$(5.2) \qquad r_U = I_U + I_S S_U = I_U + I_S[I_U/(G_S - I_S)]$$

$$= I_U[1 + I_S/(G_S - I_S)] < 0.$$

In (5.2) zeigt sich der auch im Vorzeichen *duale Effekt der Arbeitsmarktentwicklung für die Reallohndynamik.* Ceteris paribus reduziert ein Ansteigen der Arbeitslosenquote die Bereitschaft der Arbeitgeber zu Lohnkonzessionen. Daneben gibt es jedoch auch einen gegenläufigen indirekten Effekt, da ja, wie in Kapitel 3 gezeigt wurde, mit zunehmender Arbeitslosigkeit das Streikvolumen wächst. Dies erhöht ceteris paribus die Reallohnsteigerungsraten, kann aber den direkten negativen Einfluss von U auf r nur dämpfen, jedoch nicht in sein Gegenteil verkehren.

Als Ableitung von r nach r_{t-i} ergibt sich

$$(5.3) \qquad r_r = I_S S_r > 0.$$

Je grösser also die Lohnwachsraten in der Vergangenheit waren, desto höher fällt auch das jetzige Verhandlungsergebnis aus.

(5.2) und (5.3) geben die Eigenschaften einer reduzierten Form für r_t an. Da später insbesondere die dynamische Interaktion zwischen der Streiktätigkeit und der Reallohnentwicklung untersucht werden soll, bietet es sich an, das Streikvolumen explizit in einer die Lohnentwicklung erklärenden Strukturgleichung aufscheinen zu lassen. Dies wird zudem einen direkten Vergleich der Lohnimplikationen unseres Modells mit den Gewerkschafts-Push-Hypothesen der Lohntheorie ermöglichen. Die Eigenschaften einer solchen Strukturgleichung für r lassen sich aus einer grafischen Darstellung des Modells ableiten.

Abb. 5.1 gibt nochmals die fallende Aspirationskurve der Gewerkschaftsmitglieder und die ansteigende Konzessionskurve der Arbeitgeber wieder. Die vorherbestimmten Grössen U und r_{t-i} bestimmen die Lage beider Kurven und damit auch die Gleichgewichtswerte $\bar{r}$ und $\bar{S}$. Anstatt nun $\bar{r}$ in Abhängigkeit von den vorherbestimmten Variablen zu sehen, lässt sich wie folgt argumentieren: $\bar{r}$ muss in jedem Fall

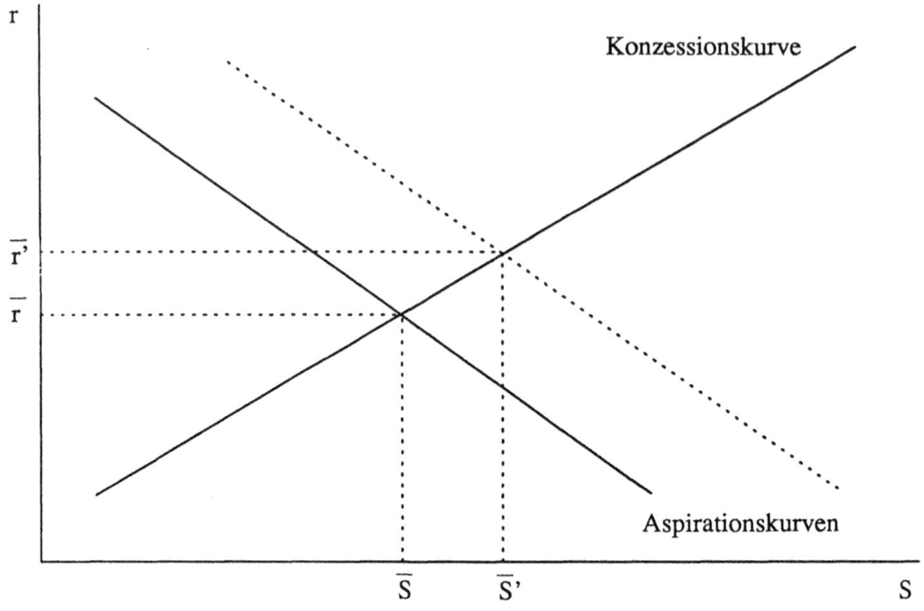

Abb. 5.1: Lohnbestimmung im Lohn-Streik-Modell

auch auf der Konzessionskurve liegen. Ändern kann sich $\bar{r}$ offenbar nur dann, wenn sich entweder die Konzessionskurve verschiebt oder das gleichgewichtige Streikvolumen ändert. Da sich die Konzessionskurve nur verschiebt, wenn sich die Arbeitslosenquote U verändert, gilt also

$$(5.4) \qquad \bar{r}_t = f(U_t, \bar{S}_t),$$

wobei ja

$$\bar{S}_t = g(U_t, r_{t-1}).$$

Die Vorzeichen der partiellen Ableitungen von (5.4) lassen sich leicht grafisch aufzeigen. Erhöht sich das Streikniveau von $\bar{S}$ auf $\bar{S}'$ als Folge einer Verschiebung der Aspirationskurve nach rechts, so steigt offensichtlich auch der Einigungslohnsatz von $\bar{r}$ auf $\bar{r}'$ (vgl. Abb. 5.1).

Erhöht sich nun die Arbeitslosenquote, sinkt die Konzessionsbereitschaft der Arbeitgeber: Die Konzessionskurve verschiebt sich nach rechts. Da die Aspirationskurve ihre Lage nicht verändert, ergibt sich netto ein Absinken des Einigungslohnsatzes von $\bar{r}$ auf $\bar{r}''$ (vgl. Abb. 5.2). Als qualitative Eigenschaften von (5.4) erhalten wir somit

(5.5) $r_S > 0$

und

(5.6) $r_U > 0.$

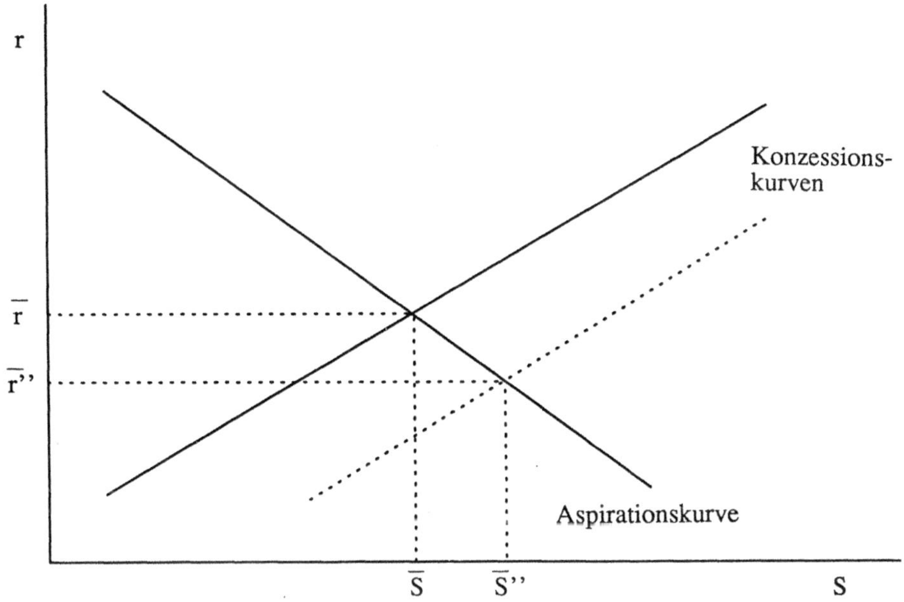

Abb. 5.2: Streikbestimmung im Lohn-Streik-Modell

Die inhaltliche Erklärung dieser Zusammenhänge ist nicht kompliziert: Der Einigungslohnsatz ergibt sich ja als optimale Lösung des Lohnkosten-versus-Streikkosten-Kalküls der Arbeitgeber. Erhöht sich nun bei gegebener Konzessionskurve das Streikvolumen von $\bar{S}$ auf $\bar{S}$' (Abb. 5.1) - weil die Erwartungen der Gewerkschaftsmitglieder gestiegen sind und sich somit die Aspirationskurve nach rechts verschoben hat - so heisst das nichts anderes, als dass beim alten Einigungslohnsatz $\bar{r}$ die erwarteten Steikkosten nun weit über den Kosten der Lohnkonzession liegen. Das Gewinnmaximierungskalkül veranlasst die Unternehmer in dieser Situation zu zusätzlichen Lohnkonzessionen: r steigt von $\bar{r}$ auf $\bar{r}$'.

Steigt die Arbeitslosenquote, ergibt sich beim alten Einigungslohn die gegenteilige Situation. Da Streiks bei entspanntem Arbeitsmarkt für die Unternehmer weniger kostspielig sind, verschiebt sich ihre Konzessionskurve nach rechts. Bei $\bar{r}$ übersteigen die Kosten der Lohnkonzession nun die erwarteten Streikkosten. Das Lohnangebot der Unternehmen und der letztliche Lohnabschluss werden sinken.

Kapitel 6

Die gegenseitige Beeinflussung von Streiktätigkeit und Lohnentwicklung

Die Ausführungen der Kapitel 3 und 5 beschreiben die Auswirkungen autonomer Änderungen der exogenen oder vorherbestimmten Variablen auf das gleichgewichtige Streikvolumen und die gleichgewichtige Reallohnzuwachsrate. Beide Grössen werden ja simultan bestimmt. Betrachtet wurden allerdings nur kurzfristige *Periodengleichgewichte*, in denen r_{t-1} einen beliebigen vorherbestimmten und von r_t verschiedenen Wert annehmen konnte. Linearisiert man die abgeleiteten qualitativen Zusammenhänge, so erhält man als *Streikbestimmungsgleichung*

$$(6.1) \qquad S_t = a_0 + a_1 U_t + a_2 r_{t-1}$$

und als *Bestimmungsgleichung für die Reallohnzuwachsrate*

$$(6.2) \qquad r_t = b_0 - b_1 U_t + b_2 S_t,$$

wobei $a_1, a_2, b_1, b_2 > 0$.

(6.1) und (6.2) beschreiben einen dynamischen Prozess, eine Differenzengleichung 1. Ordnung in r oder S. Nach Einsetzen von (6.1) in (6.2) ergibt sich beispielsweise für den Prozess in r

$$(6.3) \qquad r_t - a_2 b_2 r_{t-1} = b_0 + a_0 b_2 + (a_1 b_2 - b_1) U_t.$$

Für die Entwicklung von S erhält man nach Einsetzen von (6.2) in (6.1)

(6.4) $$S_t - a_2b_2S_{t-1} = a_0 + a_2b_0 + a_1U_t - a_2b_1U_{t-1}.$$

Als langfristige Gleichgewichte erhält man unter der Annahme $r_t = r_{t-1}$ und $U_t = U_{t-1} = U$

(6.5) $$\bar{r} = [b_0 + a_0b_2 + (a_1b_2 - b_1)U]/(1 - a_2b_2)$$

und

(6.6) $$\bar{S} = [a_0 + a_2b_2 + (a_1 - a_2b_1)U]/(1 - a_2b_2).$$

Von einem beliebigen Reallohnzuwachs r_0 ausgehend folgt die Reallohnzuwachsrate dem Pfad

(6.7) $$r_t = (r_0 - \bar{r})(a_2b_2)^t + \bar{r},$$

d.h. die Reallohnzuwachsrate konvergiert nur dann zu einem neuen Gleichgewicht, wenn $a_2b_2 < 1$. Die Interpretation dieser Bedingung ergibt sich direkt aus einem Blick auf die Gleichungen (6.1) und (6.2) und ist analog zur Lehrbuchliteratur über das Cobweb-Theorem[1]: Das Produkt a_2b_2 gibt an, zu welcher Erhöhung der Reallohnzuwachsrate in der *nächsten* Periode eine *heutige* Erhöhung der Reallohnzuwachsrate um einen Prozentpunkt führt. Ist $a_2b_2 < 1$, liegt diese Erhöhung unter einem Prozentpunkt und der ursprüngliche Schock verebbt. Das System ist stabil.

Prinzipiell ist bei einem Blick auf (6.1) und (6.2) natürlich auch denkbar, dass eine Erhöhung von r die Streiktätigkeit der nächsten Periode so stark steigert, und die Streiktätigkeit wiederum einen so starken Einfluss auf r hat, dass der Prozess instabil wird. Erhöht sich der Reallohnzuwachs aus irgendeinem Grund, steigt das Erwartungsniveau und die Kampfbereitschaft der Gewerkschaftsmitglieder so stark, dass sie damit in der Folgeperiode eine noch höhere Reallohnsteigerung erreichen. Dies klingt etwas bizarr und scheint nicht in Übereinstimmung mit der Realität zu stehen. Immerhin wäre es denkbar, dass die offensichtliche Stabilität der Lohnentwicklung erst durch einen in unserem partiellen Modell vernachlässigten Stabilisierungsmechanismus erreicht wird. Doch dies wird sich wohl erst in den später folgen-

---

[1] Siehe z.B. Gandolfo (1980) oder Chiang (1985).

den empirischen Kapiteln klären lassen. Die monotone Entwicklung von r hängt natürlich von der durchaus kritischen Annahme $a_2 > 0$ ab. Für $a_2 < 0$ würde das System oszillieren und die Stabilitätsbedingung wäre $a_2 b_2 > -1$.

Als Lösung für S_t ergibt sich

(6.8) $$S_t = (S_0 - \bar{S}')(a_2 b_2)^t + \bar{S}',$$

wobei $\bar{S}'$ das Gleichgewicht bei gegebener *Änderung* der Arbeitslosenquote ist und sich von $\bar{S}$ unterscheidet:

(6.9) $$\bar{S}' = (a_0 + a_2 b_0 + a_1 U_t - a_2 b_1 U_{t-1})/(1 - a_2 b_2).$$

Der Unterschied zwischen (6.7) und (6.8) besteht darin, dass S erst ab Periode 2 nach einer Störung auf einen monotonen Anpassungspfad einschwenkt. Eliminiert man nun die Arbeitslosenquote aus (6.1) und (6.2), so erhält man als langfristigen Trade-off zwischen $\bar{S}$ und $\bar{r}$

$$\bar{S} = (b_0/b_1 + a_0/a_1)/(1/a_1 - b_2/b_1) + [(a_2/a_1 - 1/b_1)/(1/a_1 - b_2/b_1)]\,\bar{r}.$$

Die Steigung dieses Trade-offs ist im Vorzeichen offen, ja sogar die *Bewegungsrichtung* ist dann unbestimmt, wenn die Steigung des Trade-offs positiv ist. D.h., ein Ansteigen der Arbeitslosenquote kann dann sowohl zu abnehmenden Lohnzuwachsraten und Arbeitskonflikten führen als auch zu einer Zunahme beider Grössen. Immerhin kann man für den Fall eines negativ geneigten Trade-offs sagen, dass auf ihm die Bewegung nach links oben führen muss. Somit kann zunehmende Arbeitslosigkeit also auch zu zunehmender Streiktätigkeit und geringeren Lohnzuwachsraten führen. Es ist allerdings ausgeschlossen, dass die Streiktätigkeit zurück geht und die Lohnzuwachsraten steigen.

Letzteres ergibt sich daraus, dass nach (6.5) und (6.6) ja

(6.11) $$d\bar{r}/dU = a_1 b_2 - b_1$$

und

(6.12) $$d\bar{S}/dU = a_1 - a_2 b_1.$$

Die Behauptung lautet nun, dass aus $d\bar{S}/dU < 0$ auch $d\bar{r}/dU < 0$ folgt, also

$$a_1 - a_2 b_1 < 0 \qquad => \qquad a_1 b_2 - b_1 < 0.$$

Durch Umformung erhält man

$$a_1/a_2 < b_1 \qquad => \qquad a_1 b_2 < b_1,$$

und dies gilt nur wenn

$$a_1/a_2 \geq a_1 b_2.$$

Dies wiederum lässt sich umschreiben zu $a_2 b_2 \leq 1$ und wird somit durch die unterstellte Stabilitätsbedingung $a_2 b_2 < 1$ erfüllt.

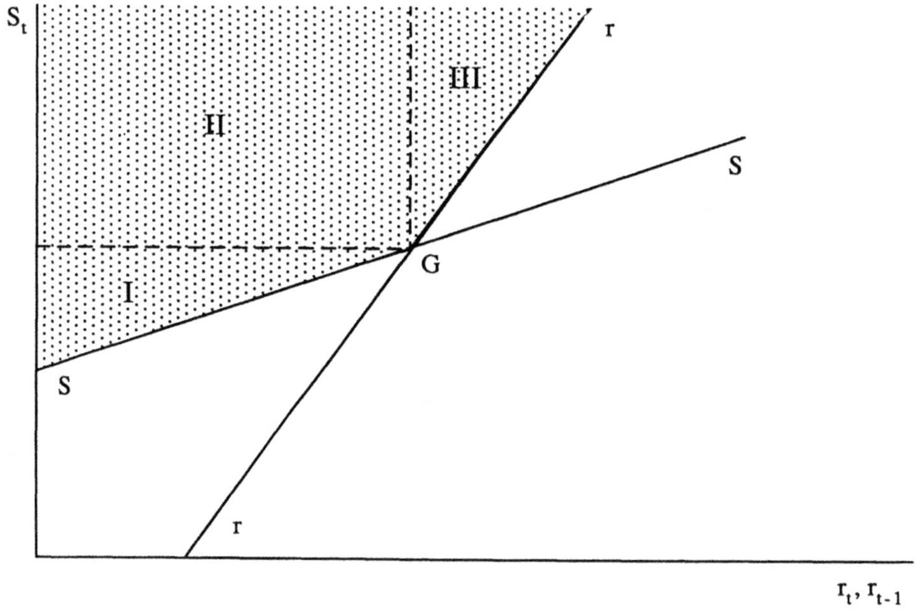

Abb. 6.1: Komparative Statik des Lohn-Streik-Modells

Abb. 6.1 stellt das Modell und seine komparativ-statischen Eigenschaften grafisch dar. Die Wirtschaft befindet sich im Gleichgewicht G. Dass beide Geraden positive Steigungen haben, bedeutet einerseits, dass hohe Lohnsteigerungen mit einperiodiger Verzögerung zu ausgedehnten Streiks führen und andererseits, dass hohe Streikzahlen bei den laufenden Verhandlungen auch grosse Lohnzuwachsraten ermöglichen. Da wir Stabilität unterstellen, ist rr steiler als SS.

Gemäss (6.1) und (6.2) verschiebt nun ein Anstieg der Arbeitslosenquote beide Geraden nach *oben*. Solange aber die Strukturparameter nicht quantifiziert sind, bedeutet dies nur, dass das neue Gleichgewicht im schraffierten Bereich liegt. Dieser lässt von den kombinatorisch möglichen vier Reaktionsmustern immerhin noch drei zu; Im Bereich I sinken r und S, im Bereich III steigen beide und im Bereich II sinkt r bei steigendem S. Die Grafik macht auch deutlich, dass abebbende Streiktätigkeit bei steigenden Lohnzuwachsraten ausgeschlossen ist. Dies wurde oben ja auch formal gezeigt.

TEIL 3

ARBEITSKONFLIKTE IN DER BUNDESREPUBLIK DEUTSCHLAND:

EMPIRISCHE ERGEBNISSE

Kapitel 7

Streiks und Reallohndynamik: Ein interaktives Modell

Wir wollen nun das Terrain der rein theoretischen Analyse des zweiten Teils dieser Arbeit verlassen und versuchen, auf den theoretischen Überlegungen der Kapitel 3 und 5 basierende *strukturelle Erklärungsgleichungen* der Ursachen und Konsequenzen der Streiktätigkeit für die Bundesrepublik Deutschland zu schätzen. Als Ausgangspunkte dienen hierbei die bereits in Kapitel 6 präsentierten linearen Approximationen der strukturellen Streikbestimmungsgleichung (Gleichung 6.1) und der Bestimmungsgleichung der Reallohnzuwachsrate (Gleichung 6.2). Beide Gleichungen seien hier noch einmal wiederholt:

(7.1) $S_t = a_0 + a_1 U_t + a_2 r_{t-1}$. $\qquad a_1, a_2 > 0$

(7.2) $r_t = b_0 - b_1 U_t + b_2 S_t$. $\qquad b_1, b_2 > 0$

Die Formulierung von (7.1) unterstellt, dass die Gewerkschaftsmitglieder ihre Lohnaspirationen nur an der momentanen Arbeitsmarktsituation und am letztjährigen Reallohnzuwachs orientieren.[1] Dieser letztjährige, die Aspirationen beeinflussende Reallohnzuwachs muss sich im übrigen sinnvollerweise aus den effektiv bezahlten Löhnen berechnen. Nur aus ihrer Entwicklung ergeben sich für die Gewerkschaftsmit-

[1] Diese Unterstellung nimmt bereits das unten folgende Ergebnis vorweg, dass weiter zurückliegende Reallohnsteigerungen die laufende Streiktätigkeit nicht mehr beeinflussen.

glieder Hinweise darauf, welche Möglichkeiten sich aus den gesamtwirtschaftlichen Rahmenbedingungen für die neue Verhandlungsrunde ergeben. In Gleichung (7.1) sind somit die Zuwachsraten der *effektiven* Reallöhne r^E zu verwenden.

Da (7.2) das *Ergebnis* der Lohnverhandlungen modelliert, sind hier die Zuwachsraten der *tariflich* ausgehandelten Reallöhne r^T zu verwenden. Bis zu welchem Grad der Markt dieses Ergebnis akzeptiert oder korrigiert, kann an dieser Stelle offen bleiben. Wir kommen auf das damit angesprochene Problem der Lohndrift allerdings in Kapitel 10 zurück.

Als Indikator für die Streikvariable wird bei der empirischen Arbeit dieses Kapitels und der folgenden Kapitel die "Anzahl der durch Streiks und Aussperrungen verlorenen Arbeitstage" in Relation zur Zahl der Beschäftigten verwendet, denn das Streikvolumen ist der umfassendste Streikindikator und entspricht den Intentionen des in Teil 2 entwickelten Modells besser als die anderen für die Bundesrepublik verfügbaren Streikreihen.

Da das abgeleitete Zweigleichungsmodell rekursiv ist, lässt sich im folgenden jede Gleichung mit konventionellen Methoden einzeln schätzen.[2]

7.1. EINE STRUKTURELLE ERKLÄRUNG DER STREIKTÄTIGKEIT

Gleichung 7.1 ist eine zwar naheliegende, aber dennoch willkürliche *lineare Approximation* der in Kapitel 3 abgeleiteten Streikerklärung. Die erste Gleichung in Tabelle 7.1 zeigt das mit dieser einfachsten Formulierung erzielte Schätzergebnis.

Hervorzuheben ist, dass das Resultat zunächst die Hypothese stützt , dass in einem Wohlfahrtsstaat wie der Bundesrepublik bei zunehmender Arbeitslosigkeit die Konzessionsbereitschaft der Arbeitgeber schneller abnimmt als die Lohnaspirationen der Gewerkschaftsmitglieder, und damit die Streiktätigkeit zunimmt. Steigt die Arbeitslosenquote um einen Prozentpunkt, erhöht sich die Zahl der durch Kollektivauseinandersetzungen verlorenen Arbeitstage um 6.97 pro Beschäftigten.

Der für r^E_{t-1} ermittelte positive Koeffizient ist so zu interpretieren, dass hohe Reallohnsteigerungen heute bei den Gewerkschaftsmitgliedern auch die Erwartung hoher Lohnsteigerungen morgen hervorrufen. Erhöht sich das Reallohnwachstum heute um einen Prozentpunkt, führt das in einem Jahr zu 9.34 mehr durch Streik verlorene Arbeitstage pro Beschäftigten.

---

[2] Das Modell wäre nur dann nicht rekursiv, wenn r in der Streikgleichung unverzögert auftreten würde. Dies ist aber ausgeschlossen, da r_t ja das Verhandlungs*ergebnis* ist und somit nicht die *zu Beginn* der Verhandlungen vorhandenen Mitgliederaspirationen bestimmen kann.

TABELLE 7.1: STREIKGLEICHUNGEN

OLS-Schätzungen; 1952-1983; endogene Variable: S_t bzw. $\ln S_t$

Erklärungsvariablen					Testgrössen		
Konstante	r^E_{t-1}	U_t	$1/U_t$	$1/U_t^2$	$\bar{R}^2$	SER	D.W.
			endogene Variable: S_t				
-32.52 (1.49)	9.34 (2.89)	6.97 (2.31)	----	----	0.20	41.71	2.13
12.90 (0.95)	12.46 (3.88)	----	-58.25 (3.51)	----	0.34	38.01	2.33
0.43 (0.03)	12.40 (3.83)	----	----	-37.46 (3.42)	0.33	38.19	2.28
			endogene Variable: $\ln S_t$				
-0.24 (0.32)	0.38 (3.41)	0.26 (2.46)	----	----	0.26	1.45	2.00
1.47 (3.26)	0.52 (4.88)	----	-2.33 (4.25)	----	0.45	1.25	2.36
0.97 (2.18)	0.52 (4.89)	----	----	-1.53 (4.26)	0.45	1.25	2.34

Bemerkungen: In Klammern sind die absoluten t-Werte der geschätzten Koeffizienten wiedergegeben. $\bar{R}^2$ ist das um die Zahl der Freiheitsgrade bereinigte Bestimmtheitsmass, SER der Standardfehler der Schätzgleichung und D.W. die von Durbin und Watson entwickelte Teststatistik zur Aufdeckung von Autokorrelation 1. Ordnung in den geschätzten Residuen.

Auch wenn Koeffizienten und Teststatistiken von Gleichung 1 den zugrundeliegenden theoretischen Ansatz grundsätzlich stützen, kann das geringe Erklärungsniveau von 20 Prozent nicht befriedigen. Es verbleibt der Verdacht, mit dieser Gleichung möglicherweise ein quantitativ wenig bedeutendes und instabiles Zufallsergebnis ermittelt zu haben. Gerade weil die theoretisch fundierte empirische Streikerklärung ein Kernstück der vorliegenden Arbeit darstellt, muss ihre funktionale Spezifikation und strukturelle Stabilität im folgenden hinterfragt werden.

Die Gleichungen 2 und 3 prüfen zunächst die Hypothese, dass die Beziehung zwischen Streiktätigkeit und Arbeitslosenquote nicht linear ist. Es wird hier unterstellt, dass sich ein weiterer Anstieg der Arbeitslosenquote um einen Prozentpunkt umso weniger auf die Streiktätigkeit auswirkt, je höher die Arbeitslosigkeit bereits ist. Analoge Nichtlinearitäten kennt man ja auch aus der Diskussion um die Phillipskurve. Die Ergebnisse bestätigen diese Vermutung eindeutig. Gleichgültig, ob man $1/U$ oder $1/U^2$ verwendet: Die postulierten Einflüsse des Reallohnwachstums und der Arbeitslosenquote sind jetzt noch besser abgesichert als bei Verwendung der linearen Spezifikation und das korrigierte Bestimmtheitsmass liegt mit Werten von 0.34 respektive 0.33 ganz wesentlich höher.

In den Gleichungen 4-6 wird als endogene Variable $\ln S_t$ anstelle von S_t verwendet. Dies ermöglicht zum einen auch die Überprüfung eines nichtlinearen Zusammenhangs zwischen S_t und r^E_{t-1}, drängt sich aber vor allem auch aus statistischen Gründen auf, da S_t eine ausgeprägt *schiefe Verteilung* besitzt und durch Logarithmierung in eine zumindest symmetrisch verteilte Variable transformiert werden kann (vgl. Kapitel 8). Verglichen mit der jeweils entsprechenden Gleichung aus 1-3 besitzt jede der Gleichungen aus 4-6 ein höheres Erklärungsniveau und deutlich besser abgesicherte Koeffizienten. Dabei spielt es wiederum keine Rolle, ob $1/U$ oder $1/U^2$ verwendet wird.

Tabelle 7.2 hinterfragt nun den in Tabelle 7.1 festgestellten positiven Einfluss des Reallohnwachstums und der Arbeitslosenquote auf das Streikvolumen mit Hilfe eines Blicks auf dessen strukturelle Stabilität. Während Gleichung 1 einen Referenzpunkt setzt und nochmals den gesamten Betrachtungszeitraum von 32 Jahren abdeckt, operieren die nachfolgenden Schätzungen jeweils nur mit der Hälfte der zur Verfügung stehenden Beobachtungen. Die zweite Gleichung verwendet hierbei die erste Hälfte von 1952-67, die letzte Gleichung die zweite Hälfte von 1968-83. Die Schätzgleichungen dazwischen verschieben die 16 verwendeten Beobachtungen sukzessive um zwei weitere Jahre in die Zukunft.

Die errechneten Ergebnisse sind frappierend: Unsere strukturelle Streikerklärung gilt nicht nur für den gesamten Betrachtungszeitraum 1952-83, sondern mit nahezu identischen Koeffizienten auch für die sich nicht überlappenden Teilzeiträume 1952-67 und 1968-83. Vergleicht man die zweite und die letzte Gleichungen, erhält man für den Einfluss von r^E_{t-1} die Koeffizienten 0.52 respektive 0.62, für den Einfluss von $1/U^2$ die Koeffizienten -1.55 respektive -1.59. Selbst das Konstantglied und das korrigierte Bestimmtheitsmass verändern sich kaum.

Gewisse Veränderungen der Schätzkoeffizienten und des "Fits" zeigen sich allerdings dann, wenn man die Gleichungen 2-10 sukzessive betrachtet. Insbesondere zwischen 1958 und 1973 scheint der Anteil der von unserer Gleichung nicht erfassten

TABELLE 7.2: ZUR STABILITÄT DER STREIKGLEICHUNGEN

GLS-Schätzungen mit MA(1)-Störprozess; endogene Variable: $\ln S_t$

Zeitraum	Erklärungsvariablen				Testgrössen		
	Konstante	r^E_{t-1}	$1/U_t^2$	ρ	$\bar{R}^2$	SER	D.W.
1952-83	0.97 (2.18)	0.52 (4.91)	-1.56 (4.30)	-0.17 (0.89)	0.45	1.26	1.99
1952-67	0.83 (0.74)	0.52 (2.51)	-1.55 (3.86)	0.16 (0.54)	0.49	1.22	1.92
1954-69	0.99 (1.03)	0.48 (2.50)	-1.42 (2.99)	0.01 (0.03)	0.36	1.35	1.84
1956-71	0.18 (0.22)	0.56 (3.88)	-1.21 (2.99)	0.03 (0.10)	0.50	1.17	2.00
1958-73	0.47 (0.55)	0.48 (2.90)	-1.07 (2.08)	-0.22 (0.70)	0.30	1.27	1.87
1960-75	0.98 (1.39)	0.58 (3.57)	-1.79 (3.25)	-0.68 (2.30)	0.46	1.23	1.74
1962-77	0.68 (1.18)	0.63 (4.17)	-1.62 (3.46)	-0.87 (2.77)	0.58	1.03	1.98
1964-79	1.11 (1.80)	0.62 (3.74)	-1.96 (4.42)	-0.92 (2.72)	0.66	1.02	2.23
1966-81	1.08 (2.19)	0.61 (3.85)	-1.77 (3.26)	-1.00 (3.10)	0.59	1.03	1.99
1968-83	0.87 (1.79)	0.62 (3.61)	-1.59 (2.10)	-0.66 (2.23)	0.47	1.24	1.92

Bemerkungen: Für den Störterm wird ein MA(1)-Prozess unterstellt, also $u_t = v_t + \rho v_{t-1}$, wobei v_t "weisses Rauschen" darstellt. Ansonsten gelten die Bemerkungen zu Tabelle 7.1.

Einflüsse auf die Streiktätigkeit sehr hoch gewesen zu sein. Interessant ist daneben auch die Veränderung des Störprozesses. In Tabelle 7.1 gab es ja keinerlei Hinweis darauf, der Schätzfehler könne autokorreliert sein und die Methode der kleinsten Quadrate dürfe deshalb nicht angewandt werden. Die Unterstellung eines MA(1)-

Prozesses für den Schätzfehler in Gleichung 1 von Tabelle 7.2 führt deshalb auch zu einem nicht signifikanten Koeffizienten und ist damit eigentlich überflüssig. Dies gilt auch für die erste Hälfte des Schätzzeitraums, wie Gleichung 2 zeigt. Geht man nun mit der gleitenden 16-Jahresstichprobe aus den 50er Jahren heraus, kann man den laufenden Schätzfehler systematisch als gleitenden Durchschnitt früherer Schätzfehler erklären und damit ja prognostizieren. Dies wäre möglicherweise dadurch zu erklären, dass sich die Zeitreiheneigenschaften von uns nicht berücksichtigter Bestimmungsfaktoren der Streiktätigkeit verändert haben - oder auch dadurch, dass neue Einflüsse hinzugekommen sind. Unberührt bleibt allerdings das Ergebnis, dass der in Kapitel 3 entwickelte theoretische Ansatz eine im Kern robuste Erklärung der in der Bundesrepublik aufgrund von Arbeitskonflikten verlorenen Arbeitstage liefert. Dass die Erklärungskraft dieser Schätzgleichungen unter 50 Prozent liegt und damit begrenzt ist, ist auch vor dem Hintergrund zu sehen und zu bewerten, dass die Streiktätigkeit in Deutschland statistisch einem Zufallspfad[3] folgt und der Erklärungsansatz mit nur zwei Erklärungsvariablen auskommt.

Die beeindruckende Stabilität der gefundenen Streikerklärung hat allerdings auch ihre Schattenseite. Dieses Problem wurde bereits in Kapitel 4.2 angesprochen. Dort wurde darauf hingewiesen, dass es bei rationalen Aspirationen der Gewerkschaftsmitglieder eigentlich gar keine strukturelle Streikerklärung geben dürfte. Ist die Streiktätigkeit systematisch mit anderen makroökonomischen Grössen korreliert, sind auch die überzogenen Aspirationen der Gewerkschaftsmitglieder mit diesen Grössen korreliert. Die Mitglieder könnten somit ohne weiteres Situationen vorhersehen - zumindest in dem Ausmass, wie der Wert der erklärenden Variablen voherzusehen oder bereits bekannt war -, in denen sich ihre der Gewerkschaftsführung signalisierten Ansprüche nicht erfüllen lassen. Sind die Mitgliederaspirationen nun nicht rational, ist eine strukturelle Streikerklärung prinzipiell möglich. Diese müsste aber im Zeitablauf, bei unterstellter Lernfähigkeit der Akteure, im Erklärungsniveau schlechter werden und sich verändern. Die Robustheit der erzielten Ergebnisse widerspricht dem und ist im Rahmen des zugrundegelegten Modells eigentlich nur durch eine ebenso robuste Aspirationsbildung der Gewerkschaftsmitglieder zu erklären. Letztere impliziert entweder, dass die Gewerkschaftsmitglieder völlig lernunfähig sind oder dass ihrem Verhalten weitere Motive zugrunde liegen, welche ausserhalb unseres Modells liegen. Eine Diskriminierung zwischen diesen beiden Möglichkeiten ist aufgrund der hier verwendeten Makrodaten kaum möglich. In jedem Fall muss man die Hypothese der *halbstrengen*-Effizienz der Aspirationen der Gewerkschaftsmitglieder verwerfen. Da allerdings, wie schon erwähnt wurde, aber unten noch zu

[3] Vgl. auch hierzu das folgende Kapitel.

zeigen sein wird, die deutschen Streikreihen weisses Rauschen darstellen, genügen die Mitgliederaspirationen immerhin dem Kriterium der *schwachen* Effizienz.

Das zugrundeliegende Modell unterstellt, dass die beteiligten Akteure in realen Löhnen denken. Die Haltbarkeit dieser Hypothese lässt sich überprüfen, indem man anstelle von Gleichung 4 in Tabelle 7.1 folgende Gleichung schätzt:

(7.3) $$\ln S_t = \underset{(2.47)}{1.72} - \underset{(4.21)}{2.35}\, U_t^{-1} + \underset{(4.54)}{0.50}\, w^E_{t-1} - \underset{(3.97)}{0.56}\, p_{t-1}\,.$$

1952-1983; $\bar{R}^2 = 0.44$; SER = 1.27; D.W. = 2.37

Der kleine Unterschied, der im absoluten Wert der für w^E_{t-1} und p_{t-1} geschätzten Koeffizienten festgestellt werden kann, ist statistisch nicht signifikant. Das Ergebnis rechtfertigt damit die Verwendung der verzögerten Reallöhne.

Die Beschränkung der maximalen Verzögerung der Reallöhne auf ein Jahr folgt daraus, dass weiter zurückliegende Reallohnsteigerungen völlig insignifikant sind. Berücksichtigt man beispielsweise r^E_{t-2}, erhält man

(7.4) $$\ln S_t = \underset{(2.89)}{1.51} - \underset{(4.20)}{2.47}\, U_t^{-1} + \underset{(4.13)}{0.55}\, r^E_{t-1} - \underset{(0.08)}{0.01}\, r^E_{t-2}\,.$$

1952-1983; $\bar{R}^2 = 0.44$; SER = 1.28; D.W. = 2.38

7.2. *EINE STRUKTURELLE ERKLÄRUNG DER LOHNDYNAMIK*

Bei der Schätzung der Lohngleichung 7.2 wird gleich vorgegangen wie bei der Schätzung der Streikgleichung 7.1. Neben der linearen Spezifikation werden also auch nichtlineare Beziehungen zwischen der Reallohnzuwachsrate auf der einen Seite und der Streiktätigkeit respektive der Arbeitslosenquote auf der anderen Seite geschätzt.

Es sei hier daran erinnert, dass die in Teil 2 entwickelte Theorie ja Kollektivverhandlungsergebnisse samt Nebenwirkungen modelliert. Somit werden hier die Bestimmungsgründe der *Tariflöhne* gesucht, während oben ja die Konsequenzen der *Effektivlohnentwicklung* für das Steikvolumen untersucht werden. Dem Rechnung tragend, versuchen also die in Tabelle 7.3 wiedergegebenen Schätzgleichungen die Wachstumsrate der realen Tariflöhne zu erklären.

Die als erste Gleichung präsentierte lineare Spezifikation führt zu einem vom Erklärungsniveau her zwar nicht sonderlich beeindruckenden, aber die zugrundeliegende Theorie insgesamt doch stützenden Ergebnis. Zunehmende Arbeitslosigkeit dämpft das Reallohnwachstum. Dieser Zusammenhang ist statistisch sehr überzeugend abgesi-

TABELLE 7.3: LOHNGLEICHUNGEN

OLS-Schätzungen; 1952-1983; endogene Variable: r_t^T

Erklärungsvariablen						Testgrössen		
Konstante	S_t	$\ln S_t$	U_t	$1/U_t$	$1/U_t^2$	$\bar{R}^2$	SER	D.W
4.67 (8.57)	0.013 (1.81)	----	-0.45 (3.64)	----	----	0.29	1.82	1.30
1.33 (2.37)	0.015 (2.26)	----	----	2.88 (4.53)	----	0.39	1.68	1.47
1.99 (4.20)	0.015 (2.17)	----	----	----	1.83 (4.37)	0.37	1.71	1.35
4.10 (6.52)	----	0.44 (2.28)	-0.45 (3.80)	----	----	0.33	1.77	1.49
0.55 (0.82)	----	0.52 (2.98)	----	2.98 (4.94)	----	0.45	1.60	1.78
1.21 (2.04)	----	0.52 (2.91)	----	----	1.91 (4.79)	0.44	1.62	1.64

Bemerkungen: Vgl. Tabelle 7.1.

chert. Für die erwartete synchrone Entwicklung von Streiktätigkeit und Tariflohnwachstum gibt es ebenfalls, wenn auch im Rahmen der linearen Spezifikation nicht voll überzeugende Evidenz.

Die zweite und dritte Gleichung spiegeln das von Phillipskurvenschätzungen für die Bundesrepublik her bekannte Phänomen wider, dass Löhne dann weniger auf Änderungen der Arbeitslosenquote reagieren, wenn die Arbeitslosigkeit bereits sehr hoch ist. Der erklärte Anteil der Varianz der realen Tariflohnzuwachsraten ist bei diesen Spezifikationen merklich höher, und auch die Evidenz für den Einfluss des Steikvolumens auf das Verhandlungsergebnis überzeugt eher. Wie stark die unterstellte Krümmung der geschätzten, um die Streiktätigkeit erweiterten Phillipskurve ist, ob man also U_t^{-1} oder U_t^{-2} verwendet, spielt keine Rolle. Beide Spezifikationen implizieren ja, dass Variationen der Arbeitslosenquote auf einem, sagen wir, über 5 Prozent liegenden Niveau die Lohnentwicklung nur noch am Rande tangieren.

Die in den Gleichungen 4-6 wiedergegebenen Resultate zeigen, dass auch zwischen Steiktätigkeit und Lohnzuwachsrate eher ein nichtlinearer Zusammenhang besteht. Auch hier sind es primär die auf vergleichsweise tiefem Niveau erfolgenden Fluktuationen der Streiktätigkeit, die zu Fluktuationen der Reallohnzuwachsraten führen. Diese Beziehung ist nun statistisch sehr überzeugend abgesichert.

Wie in den Tabellen 7.1 und 7.2 wird auch bei den Schätzungen der Lohngleichungen *fehlende Geldillusion* unterstellt. Darüber hinaus unterstellen wir implizit aber auch schwach rationale Erwartungen im Sinne unverzerrter Erwartungen. Denn ausgehandelt werden im modellierten Verhandlungsprozess ja nominale Tariflohnzuwachsraten w^T, auf der Basis von gegebenen Inflationserwartungen E(p). Mit der Verwendung der realen Tariflohnwachstumsraten r^T unterstellen wir somit nicht nur, dass E(p) mit einem Koeffizienten von eins in das Verhandlungsergebnis eingeht, sondern auch, dass der Inflationserwartungsfehler E(p)-p zufallsverteilt mit einem Erwartungswert von null ist.

Prüfen wir nun die Frage, ob die Annahme fehlender Geldillusion gerechtfertigt ist, indem wir schätzen

$$(7.5) \qquad w_t^T = \underset{(1.63)}{1.38} + \underset{(2.69)}{0.47} \ln S_t + \underset{(5.07)}{2.99}\, U_t^{-1} + \underset{(5.09)}{0.77}\, p_t,$$

$$1952\text{-}1983;\ \bar{R}^2 = 0.61;\ SER = 1.56;\ D.W. = 1.77;\ OLS$$

ist das ermittelte Resultat mit Vorsicht zu geniessen. Zwar scheint sich der Koeffizient von p_t nicht signifikant vom Wert eins zu unterscheiden, aber da wir p_t anstelle der theoretisch korrekten Variablen $E(p_t)$ verwenden, führen Erwartungsfehler automatisch zu Schätzfehlern. Somit ist p_t mit dem Schätzfehler korreliert. Dies verletzt die einer Kleinstquadratschätzung zugrundeliegenden Annahmen und führt zu Verzerrungen.

Um dies auszuschliessen, schätzen wir die (7.5) zugrundeliegende Spezifikation zweistufig. Als Instrumente für die Inflationsrate werden hierbei die verzögerte Inflationsrate, die verzögerte Geldmengenzuwachsrate (M1), die verzögerte effektive Reallohnzuwachsrate und die Inflationsrate des Rohölpreises verwendet. Die Instrumentalvariablenschätzung führt zu

$$(7.6) \qquad w_t^T = \underset{(0.10)}{-0.12} + \underset{(2.35)}{0.86} \ln S_t + \underset{(2.77)}{3.43}\, U_t^{-1} + \underset{(4.10)}{0.88}\, p_t.$$

$$1952\text{-}1983;\ \bar{R}^2 = 0.54;\ SER = 1.70;\ D.W. = 2.34;\ IV$$

Wesentlich ist hier zum einen, dass sich das Ergebnis, trotz einiger Unterschiede in den Schätzkoeffizienten, nicht entscheidend von der analogen Gleichung 5 in Tabelle 7.3 unterscheidet, zum anderen, dass sich die Nullhypothese, der Koeffizient von p_t sei eins, nicht widerlegen lässt. Insofern spricht auch aus der Sicht der empirischen Lohngleichung nichts gegen die im Modell vorgenommene Verkürzung auf Reallohnänderungsraten.

7.3 KOMPARATIVE STATIK UND DYNAMIK

Aus den geschätzten Streik- und Lohnbestimmungsgleichungen ergibt sich dann ein dynamisches Modell, wenn man das Problem der Lohndrift für den Moment ausklammert und unterstellt, dass sich Tarif- und Effektivlöhne völlig gleich entwickeln, also $r^T = r^E = r$. Stützt man sich für die Streikerklärung auf Gleichung 5, Tabelle 7.1 und für die Lohnerklärung auf Gleichung 5, Tabelle 7.3, so erhält man zwei lineare Beziehungen zwischen den endogenen Variablen $\ln S_t$ und r_t:

(7.7) $$\ln S_t = 1.47 + 0.52\, r_{t-1} - 2.33/U_t.$$

(7.8) $$\ln S_t = -1.06 + 1.92\, r_t - 5.73/U_t.$$

Im Gleichgewicht wächst der Reallohn pro Jahr mit der Rate

(7.9) $$\bar{r} = 1.81 + 2.43/U_t$$

und gilt für das logarithmierte Konfliktvolumen

(7.10) $$\ln\overline{S} = 2.41 - 1.07/U_t.$$

Ein Ansteigen der Arbeitslosenquote führt nach (7.9) und (7.10) langfristig zu einem Rückgang der Reallohnzuwachsraten und zu einem Ansteigen des Konfliktniveaus.

Das Modell und seine komparativ-statischen Eigenschaften sind in Abb. 7.1 dargestellt. Die flachere der beiden durchgezogenen Geraden (SS) zeigt, wie die Reallohnentwicklung mit einer Verzögerung von einer Periode die Streiktätigkeit bestimmt - bei gegebener Arbeitslosenquote. Steigt die Reallohnwachstumsrate um einen Prozentpunkt, so nimmt das Steikvolumen im nächsten Jahr *ceteris paribus* um 0.52 Prozent zu. Die rr-Kurve zeigt, welche Reallohnwachstumsrate sich im nächsten Jahr parallel zum erhöhten Streikvolumen ergibt. Ein um ein Prozent gestiegenes (logarithmiertes) Streikvolumen würde in den laufenden Tarifverhandlungen die Lohn-

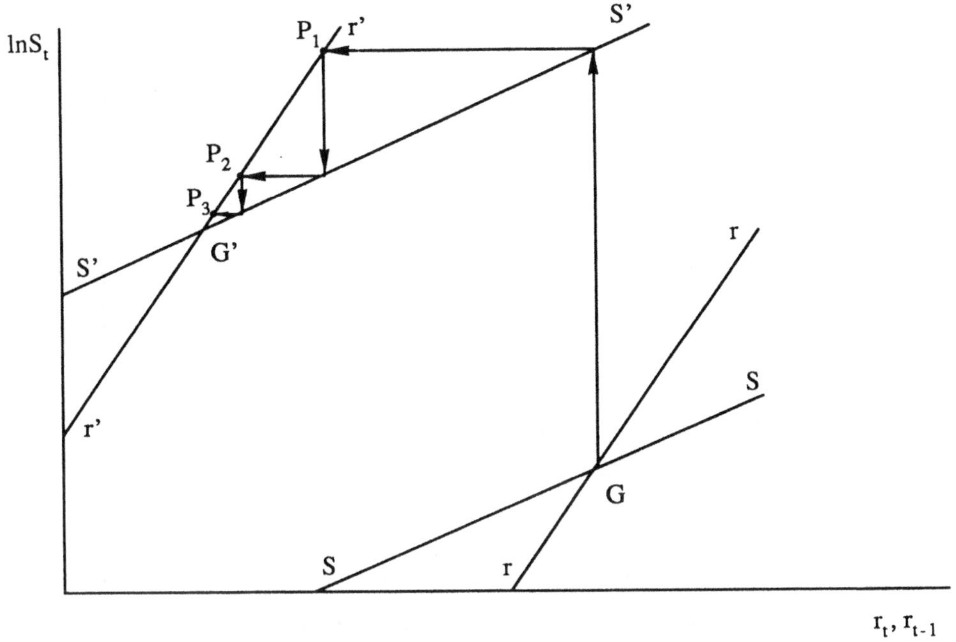

Abb. 7.1: Anpassungsprozesse im Lohn-Streik-Modell

zuwachsrate um 1/1.92 = 0.52 Prozentpunkte erhöhen.

Eine Erhöhung der Arbeitslosenquote verschiebt nun beide Geraden nach oben in die Positionen S'S' und r'r'. Aufgrund der geschätzten Koeffizienten ergibt sich von den drei prinzipiell möglichen Konsequenzen (vgl. Kapitel 6) die mittlere: Das Streikvolumen nimmt zu, aber die Reallohnzuwachsrate sinkt.

Beide Variablen passen sich im Prinzip monoton über die Periodengleichgewichte P_1, P_2, P_3 usw. an ihre durch G' gegebenen neuen Gleichgewichtswerte an. Interessant ist allerdings, dass das Streikvolumen zunächst *überschiesst* und erst nach und nach, aufgrund des geringer werdenden Lohnwachstums, wieder auf seinen nun höheren Gleichgewichtswert absinkt.

Das dynamische Modellverhalten wird in den Abbildungen 7.2(a) und 7.2(b) anhand von Simulationen illustriert. Abb. 7.2(a) zeigt zunächst die Reaktion der endogenen Grössen auf ein Ansteigen der Arbeitslosenquote von 1.5 auf 3 Prozent. Hierbei wird zum einen deutlich, dass die Anpassungen an die neuen Gleichgewichte relativ schnell erfolgen, zum andern, dass das Überschiessen durchaus auch quantitativ bedeutend ist. Immerhin ist die kurzfristige Reaktion des Streikvolumens annähernd doppelt so gross wie die langfristige.

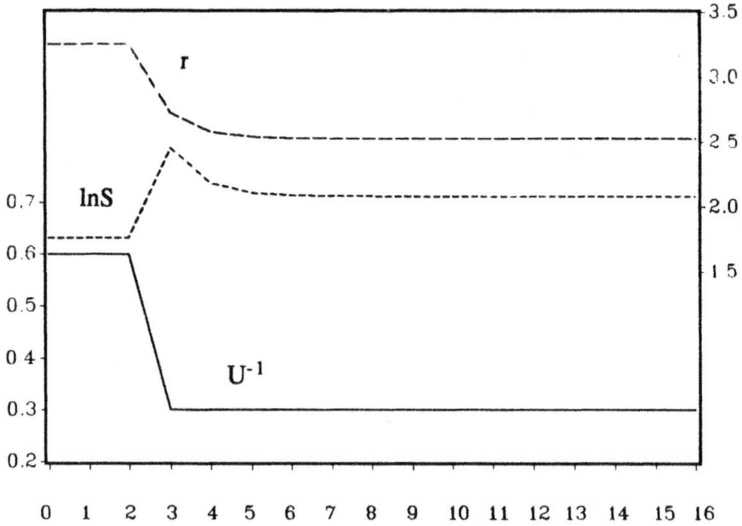

Abb. 7.2(a): Modellverhalten bei permanentem Schock

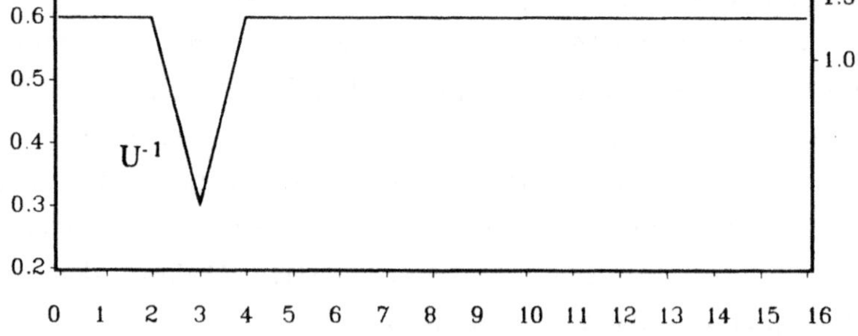

Abb. 7.2(b): Modellverhalten bei transitorischem Schock

In Abb. 7.2(b) wird unterstellt, dass der Anstieg der Arbeitslosenquote auf 3 Prozent nur eine Periode andauert und sie danach wieder auf 1.5 Prozent zurück geht. Als Konsequenz überschiesst S in beide Richtungen, bevor es wieder zum Ausgangsgleichgewicht zurückkehrt. Dieser Mechanismus des Überschiessens mag durchaus als Erklärung dafür dienen, dass Arbeitskonflikte in den meisten Ländern im Zeitablauf eine sehr grosse Volatilität aufweisen.

Kapitel 8

Zeitreihenanalytische Ansätze

Die in Kapitel 7 gezeigten Strukturschätzungen stützen das in Teil 2 entwickelte theoretische Modell. Ermutigend ist insbesondere die ausgeprägte strukturelle Konstanz der gefundenen Streikerklärung. Negativ zu vermerken ist dagegen bei einem Bestimmtheitsmass von 0.45 für den gesamten Zeitraum der relativ grosse verbleibende unerklärte Teil der Varianz des Konfliktvolumens[1]. Wir besitzen damit eine im Kern robuste und für weiterführende *theoretische Analysen* verwendbare, für *Prognosezwecke* allerdings nicht gerade vielversprechende Erklärung von Streiks und Aussperrungen auf dem deutschen Arbeitsmarkt.

In dieser Situation stellt sich die Frage, ob ein Zeitreihenmodell für Arbeitskonflikte nicht wenigstens bessere *Prognosen* liefern könnte als unser Strukturmodell. Selbstverständlich darf man sich von einem solchen Vorgehen keine neuen theoretischen Einsichten über ökonomische Zusammenhänge erhoffen. Pragmatisch wird lediglich der Erkenntnis Rechnung getragen, dass mit Sorgfalt entwickelte, aber atheoretische Zeitreihenmodelle für die kurze und auch mittlere Frist oft deutlich bessere Prognosen ökonomischer Variablen ermöglichen als theoretisch sauber fundierte Strukturmodelle[2].

---

[1] Das Problem ist noch gravierender, wenn man sich auf das absolute Konfliktvolumen und nicht auf dessen Logarithmus bezieht.

[2] Vgl. z.B. Nelson (1972) und Naylor, Seaks und Wichern (1972). Dass der aus zeitreihenanalytischen Ansätzen zu erwartende Erkenntnisfortschritt begrenzt ist, wird besonders deutlich herausgearbeitet von Cooley und LeRoy (1985).

Die Analyse von Zeitreihen vollzieht sich gemäss der Philosophie von Box und Jenkins (1976) in drei Schritten: *Identifikation, Schätzung* und *Diagnose.* Im Rahmen der Identifikation wird versucht, auf der Basis der Autokorrelationsfunktion und der Partiellen Autokorrelationsfunktion der betrachteten Variable einen oder mehrere *ARIMA-Prozesse (Auto-Regressive Integrated Moving Average Process)* zu erkennen. In allgemeiner Form lässt sich ein univariater ARIMA (p, 0, q)-Prozess für S wie folgt schreiben:

$$(1 - \phi_1 L - \ldots - \phi_p L^p)\, S_t = \delta + (1 - \Theta_1 L - \ldots - \Theta_j q L^q)\varepsilon_t .$$

L ist wieder der Verschiebungsoperator mit der Eigenschaft $L^i S_t = S_{t-i}$. ε ist eine Zufallsvariable für die gilt $E(\varepsilon_t) = 0$ und $E(\varepsilon_t \varepsilon_s) = 0$ für $t \neq s$.

Hat die Identifikation zu einer Hypothese über das der Zeitreihe zugrundeliegende ARIMA-Modell geführt, so werden die Modellparameter mit Hilfe eines Full-Information-Maximum-Likelihood-Ansatzes geschätzt. Die Diagnose schliesslich konzentriert sich auf die statistische Signifikanz der geschätzten Parameter und auf die Frage, ob die geschätzten Residuen im statistischen Sinne "weiss" sind.

Die skizzierte Methode lässt sich entweder direkt auf die zu prognostizierende Zeitreihe anwenden oder auf die Residuen einer geschätzten Strukturgleichung. D.h., wir können entweder direkt ein ARIMA-Modell für die Streiktätigkeit identifizieren und schätzen oder eine der in Abb. 7.1 präsentierten Streikgleichung um einen ARIMA-Prozess für die Residuen ergänzen und verbessern. Im Folgenden soll beides versucht werden.

8.1 ARIMA-MODELLE ZUR PROGNOSE VON ARBEITSKONFLIKTEN

Jedem ARIMA-Prozess entspricht in der Theorie eine ganz bestimmte Autokorrelationsfunktion und eine typische Partielle Autokorrelationsfunktion[3]. Charakteristisch für reine AR-Prozesse sind zunächst signifikante und danach monoton oder oszillierend abklingende *Autokorrelationskoeffizienten.* Ein vergleichbares Bild bei den *partiellen Autokorrelations*koeffizienten ergibt sich typischerweise für reine MA-Prozesse. Als Daumenregel[4] ergibt sich der Grad eines AR-Prozesses aus der Anzahl der signifikanten partiellen Autokorrelationskoeffizienten. Letztere gehen danach abrupt auf Null. Ebenso ist der Grad eines MA-Prozesses aus der Anzahl der signifikanten Autokorrelationskoeffizienten abzulesen.

---

[3] Siehe z.B. Box und Jenkins (1976) oder Nelson (1973).

[4] Diese Regeln sind deshalb nicht sklavisch zu befolgen, weil die Identifikation *empirischer* Zeitreihenprozesse mindestens soviel Kunst wie Wissenschaft ist.

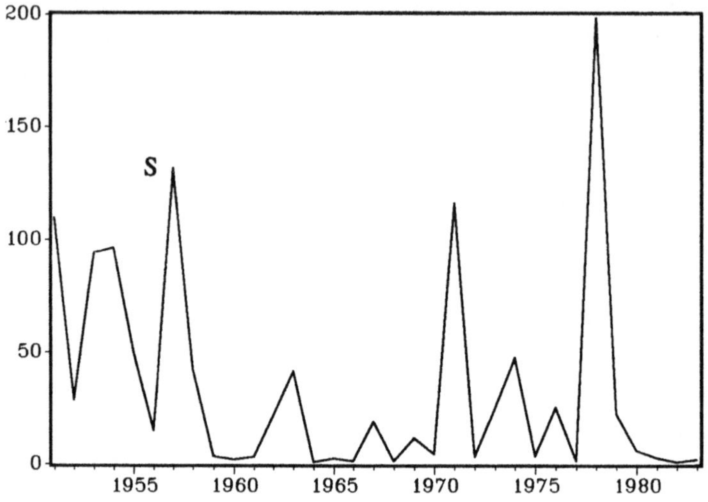

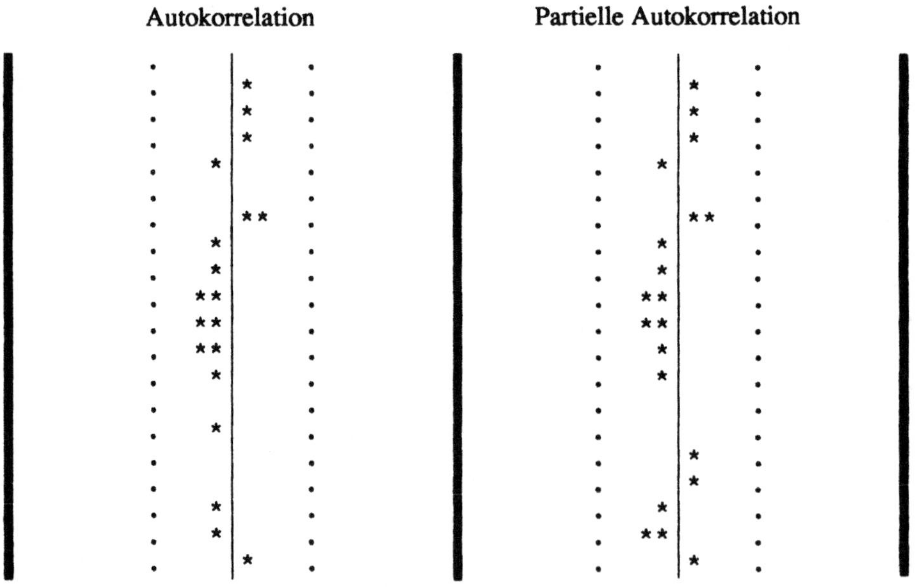

Q-Statistik (20 Lags) 4.867

Standardfehler der Korrelation 0.174

Abb. 8.1: Durch Arbeitskonflikte verlorene Arbeitstage: Daten, Autokorrelationen und partielle Autokorrelationen

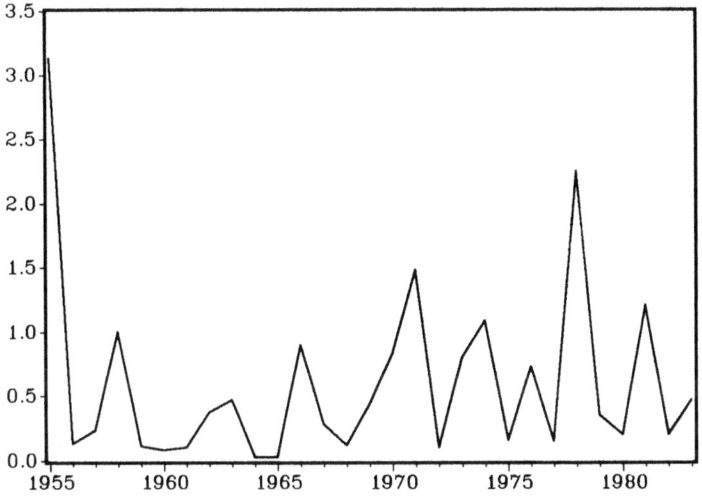

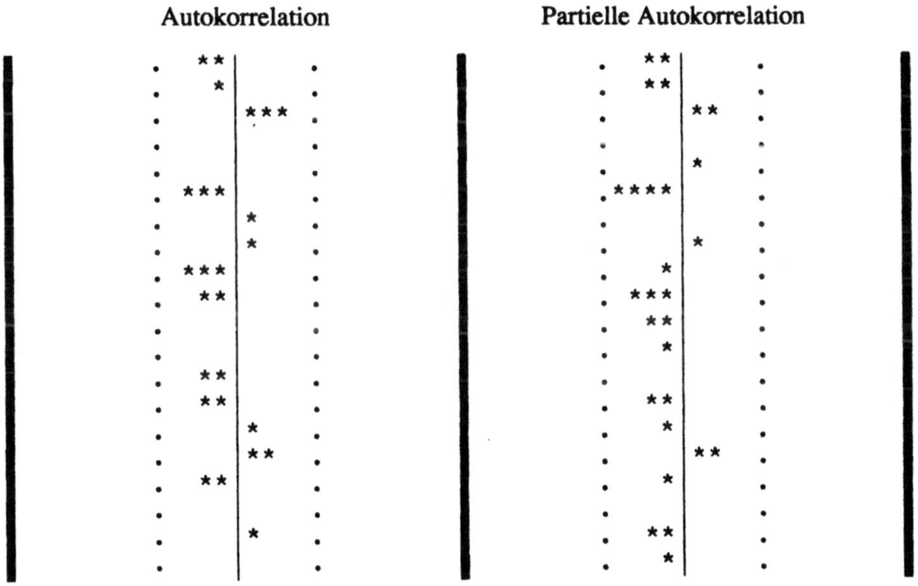

Q-Statistik (20 Lags) 9.631

Standardfehler der Korrelation 0.186

Abb. 8.2: An Arbeitskonflikten durchschnittlich beteiligte Arbeitnehmer: Daten, Autokorrelationen und partielle Autokorrelationen

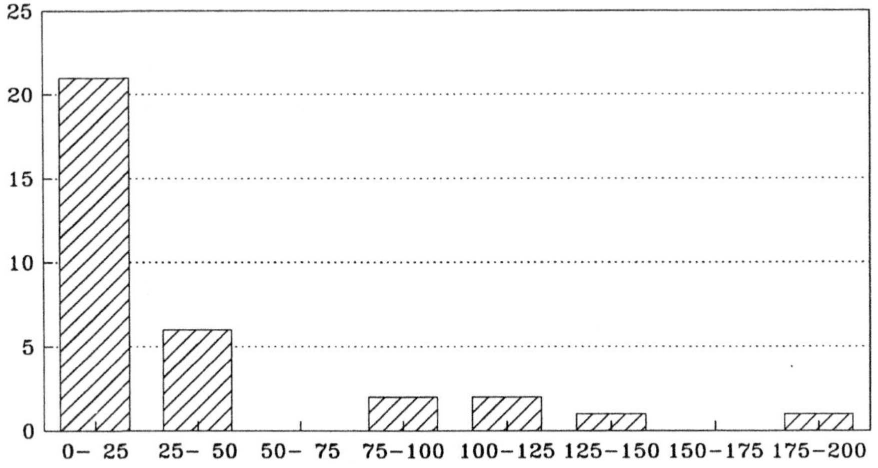

Abb. 8.3: Histogramm der pro Beschäftigten durch Arbeitskonflikte verlorenen Arbeitstage

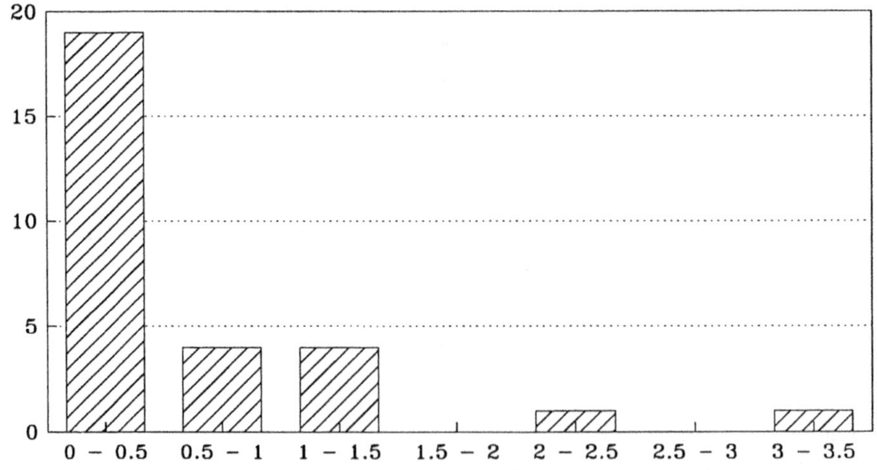

Abb. 8.4: Histogramm des Anteils der an Arbeitskämpfen beteiligten Arbeitnehmer an den Gesamtbeschäftigten

Es soll nun versucht werden, für die durch Streiks und Aussperrungen verlorenen Arbeitstage S_t und für die Zahl der an Streiks und Aussperrungen beteiligten Arbeitnehmer S_t^* ein ARIMA-Modell zu identifizieren. Die Abbildungen 8.1 und 8.2 zeigen die beiden untersuchten Zeitreihen jeweils mit den dazugehörenden Autokorrelationsfunktionen und Partiellen Autokorrelationsfunktionen.

Das Ergebnis ist in beiden Fällen eindeutig und ernüchternd. Von insgesamt 40 geschätzten partiellen oder bivariaten Autokorrelationskoeffizienten ist kein einziger nach dem Zwei-Standardfehler-Kriterium statistisch signifikant. Auch für die Gesamtheit der ersten 10 Autokorrelationskoeffizienten ist nach der Box-Pierce-Statistik Q für die beiden Variablen die Nullhypothese nicht zu verwerfen, die zugrundeliegende Reihe sei weiss. Technisch ausgedrückt legt somit der Identifikationsprozess für beide Reihen einen ARMA (0,0)-Prozess nahe, also z.B.

$$S_t = \delta + u_t,$$

wobei u_t und S_t weiss sind und sich nur im ersten Moment, dem Erwartungswert, unterscheiden. Für eine Prognose ist ein solcher Prozess natürlich nutzlos, da Schwankungen der Streiktätigkeit vollkommen durch die nicht prognostizierbare Zufallsvariable u_t bestimmt werden.

Die in Abb. 8.1 und 8.2 eingezeichneten Signifikanzgrenzen und auch die Box-Pierce-Statistik unterstellen jedoch nicht nur, dass u_t weiss ist, sondern die konkrete Verteilung $u_t \sim N(0,\sigma_u^2)$. Sollen die durchgeführten Tests also gültig sein, muss dann aber auch die Streikvariable normalverteilt sein, d.h. $S_t \sim N(\delta,\sigma_u^2)$. Wie genau die empirischen Verteilungen der Stichproben dieser Annahme entsprechen, zeigt ein Blick auf die Histogramme beider Streikreihen in den Abb. 8.3 und 8.4.

Beide Histogramme weichen derart eklatant vom Bild einer Normalverteilung ab, dass statistische *Tests* der Hypothese, die jeweilige Stichprobe entstamme einer normalverteilten Grundgesamtheit, überflüssig sind. Wenn aber nun diese linksschiefe Verteilung von S_t so auffällig von der bei den Tests unterstellten Normalverteilung abweicht, dann erscheint es wenig sinnvoll, aus der ermittelten Signifikanzschwelle und den Q-Werten der Abb. 8.1 und 8.2 ein abschliessendes Urteil über das Zeitreihenverhalten der Streikreihen zu fällen. Als Alternative wird im folgenden versucht,

(i) im Sinne einer "Overfitting-Strategie" einfache ARMA-Modelle für die Rohdaten zu schätzen und ihr Erklärungsvermögen zu ermitteln.

(ii) die Rohdaten so zu transformieren, dass eine gewisse Normalität der Stichprobenverteilung erreicht wird.

Die Schätzung von einfachen ARMA-Modellen ergibt die in Tabelle 8.1 dargestellten Ergebnisse:

TABELLE 8.1: ARMA-MODELLE FÜR DEUTSCHE STREIKREIHEN

endogene Variable	Zeitraum	Konstante	AR(1)	MA(1)	$\bar{R}^2$
S	1952-83	31.85 (3.77)	0.004 (0.024)	----	-0.03
S	1952-83	31.85 (3.79)	----	0.008 (0.046)	-0.03
S	1952-83	32.14 (4.22)	-0.14 (0.22)	0.15 (0.24)	-0.07
S*	1956-83	0.52 (6.16)	-0.17 (1.24)	----	0.02
S*	1956-83	0.51 (5.15)	----	-0.20 (1.04)	0.00
S*	1956-83	0.52 (5.81)	-0.13 (0.65)	-0.09 (0.32)	-0.01

Bemerkungen: S ist hier die Zahl der durch Streiks und Aussperrungen verlorenen Arbeitstage, S* die Zahl der an Streiks und Aussperrungen beteiligten Arbeitnehmer. Unter AR(1) steht der für den Störterm geschätzte autoregressive Koeffizient 1. Ordnung, unter MA(1) der geschätzte MA(1)-Koeffizient. Die Klammern enthalten auch hier die absoluten t-Werte. $\bar{R}^2$ ist das bereinigte Bestimmtheitsmass.

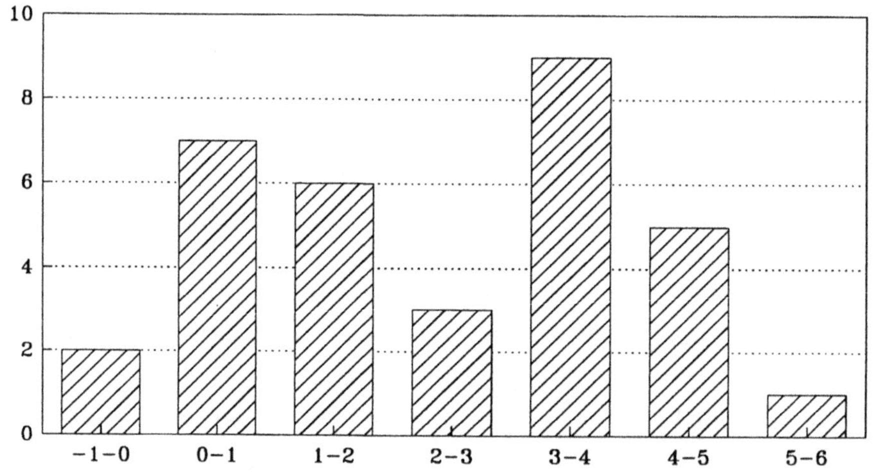

Abb. 8.5: Histogramm der pro Beschäftigten durch Arbeitskonflikte verlorenen Arbeitstage (logarithmiert)

Auch diese Ergebnisse enthalten keinerlei Hinweis darauf, dass in einer der Reihen auch nur das geringste Prognosepotential für ihre eigene künftige Entwicklung stecken könnte. Selbst wenn man die Tests wegen der Nichtnormalität der Verteilung der Streikdaten ignoriert, führt auch ein Blick auf die Erklärungsniveaus der Gleichungen zum gleichen negativen Schluss.

Versucht man nun, die schief verteilte Ausgangsreihe in eine normalverteilte Variable zu transformieren, so erreicht man bereits mit einer Logarithmierung das gewünschte Ergebnis. Die Nullhypothese einer normalverteilten Zeitreihe $\ln S_t$ lässt sich bei Zugrundelegung eines Kolmogorov-Smirnov-Tests nicht verwerfen. Dies entspricht auch dem visuellen Eindruck aus Abb. 8.5 und rechtfertigt zusätzlich die in Kapitel 7 aus anderen Gründen getroffene Entscheidung, als Konfliktindikator *logarithmierte* Streikdaten zu verwenden.

Verlauf der Zeitreihe, Autokorrelationen und Partielle Autokorrelationen sind in Abb. 8.6 dargestellt. Auch hier findet sich allerdings wieder kein einziger signifikanter Koeffizient und auch von der Struktur her nicht der vageste Hinweis auf eine brauchbare ARMA-Spezifikation. Immerhin führt hier der Versuch des Overfitting wenigstens zu einem nicht schon auf den ersten Blick völlig nutzlosen Ergebnis in Form eines ARMA(1,1)-Modells (Tab. 8.2). Bei einem Erklärungsniveau von 11 Prozent ist dieses Zeitreihenmodell allerdings der 45 Prozent der Varianz von $\ln S_t$ erklärenden Strukturschätzung aus Kapitel 7, Tabelle 7.1, sehr deutlich unterlegen. Dies illustriert auch die Darstellung der tatsächlichen und der von beiden Gleichungen geschätzten Werte in Abb. 8.7.

TABELLE 8.2: ARMA-MODELLE FÜR TRANSFORMIERTE STREIKREIHEN

Endogene Variable: $\ln S_t$; Schätzzeitraum 1952-83

Konstante	AR(1)	MA(1)	$\bar{R}^2$
2.30 (7.64)	----	0.13 (0.70)	-0.02
2.28 (6.28)	0.18 (0.99)	----	-0.00
1.87 (0.80)	0.85 (2.06)	-0.84 (1.81)	0.11

Bemerkungen: Vgl. Tabelle 8.1.

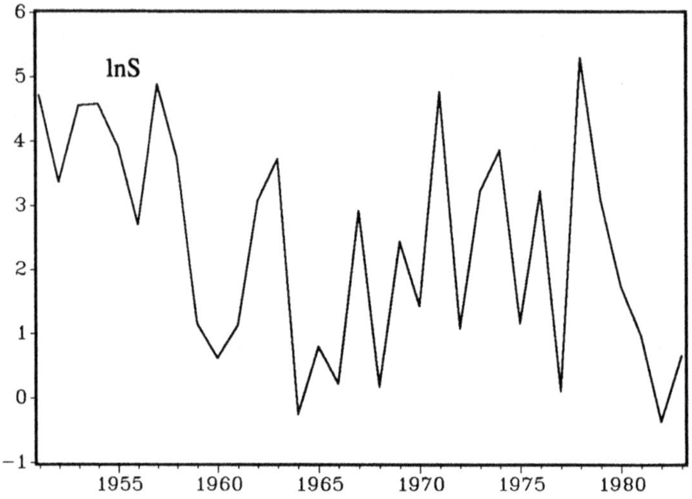

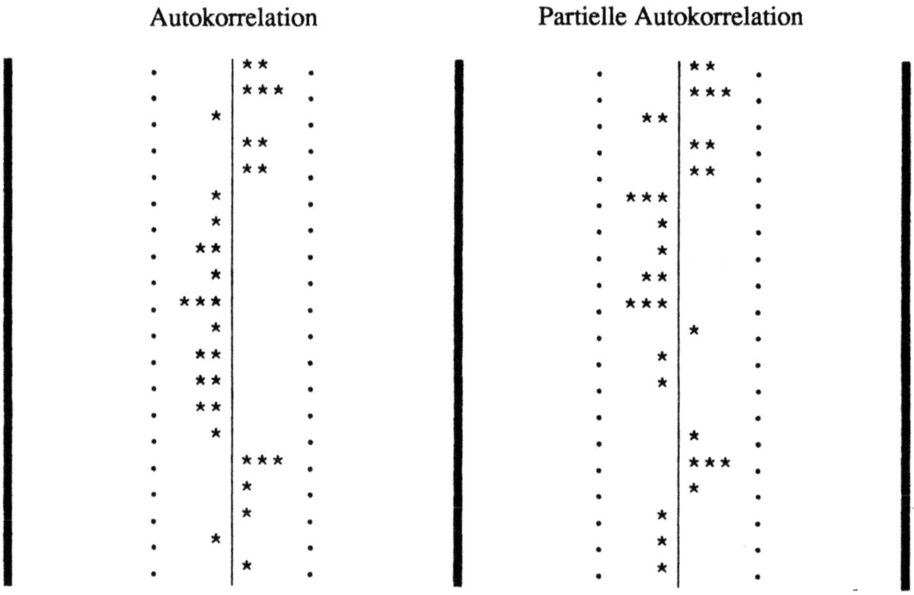

Q-Statistik (20 Lags) 11.660

Standardfehler der Korrelation 0.174

Abb. 8.6: Durch Arbeitskonflikte verlorene Arbeitstage (logarithmiert): Daten, Autokorrelationen und Partielle Autokorrelationen

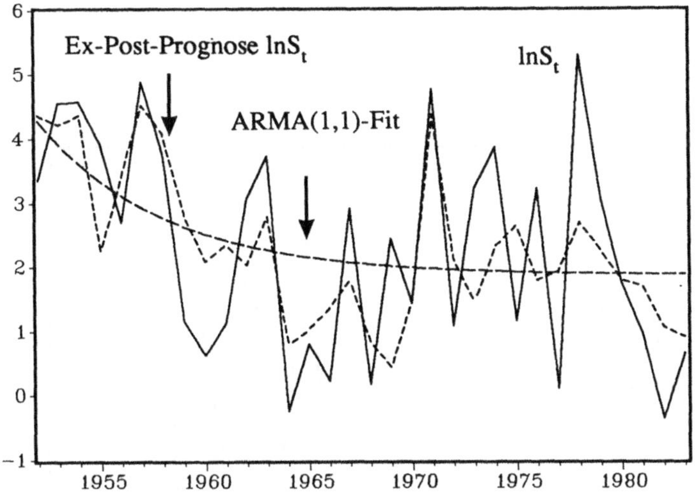

Abb. 8.7: Streiks: Effektive Zahlen und Ex-Post-Prognosen

Unsere Versuche, wenn schon nicht eine bessere Strukturerklärung, so doch auf Grundlage der Philosophie von Box und Jenkins eine verbesserte Prognose des Streikvolumens zu erreichen, müssen als gescheitert angesehen werden. Damit, und dies ist die positive Seite dieses Ergebnisses, können wir immerhin davon ausgehen, dass die Aspirationen der Gewerkschaftsmitglieder dem Kriterium der schwachen Effizienz genügen.

8.2 TRANSFERFUNKTIONEN

Abschliessend soll nun noch der Versuch unternommen werden, eine die Streikentwicklung erklärende *Transfer-Funktion* zu schätzen. Hierbei wird von der fünften in Kapitel 7 (Tabelle 7.1) geschätzten Strukturgleichung ausgegangen und versucht, ein ARMA-Modell für die Residuen zu identifizieren. Auch dies kann natürlich den theoretischen Gehalt der Streikerklärung nicht verbessern, u.U. aber das statistische Erklärungsniveau doch etwas über dasjenige der reinen Strukturerklärung hinaus anheben.

Abb. 8.8 zeigt die geschätzten Residuen und deren Autokorrelationen und Partielle Autokorrelationen. Auch hier findet sich kein einziger signifikanter Koeffizient und die Box-Pierce-Statistik Q ist kompatibel mit der Nullhypothese, dass Residuen weisses Rauchen darstellen. Auch ein abschliessender Versuch, im Sinne der Overfitting-Strategie in Anlehnung an das am Ende von 8.1 erzielte Ergebnis eine ARMA(1,1)-Spezifikation für den Störterm zu verwenden, bringt mit

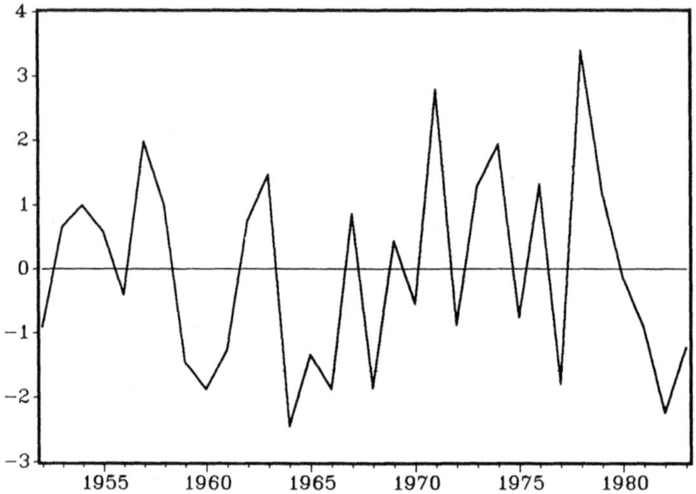

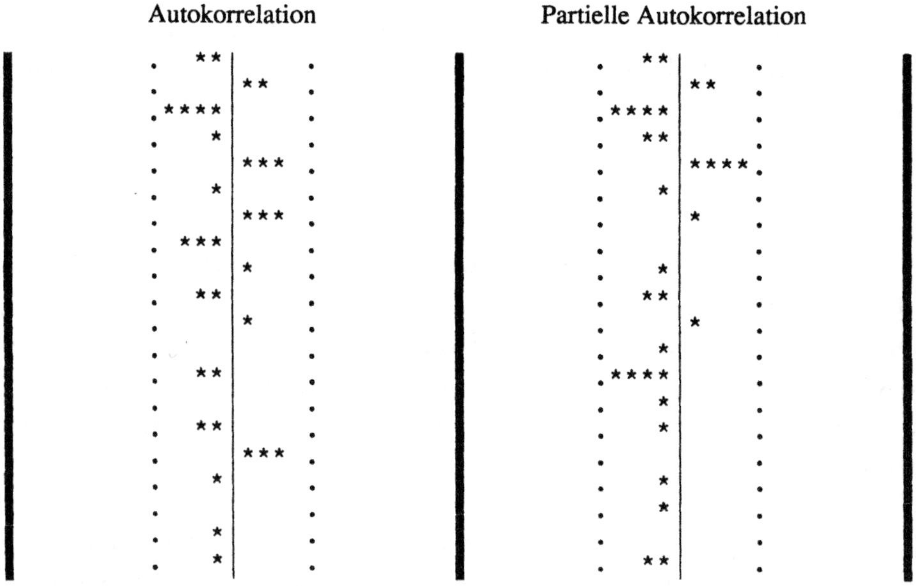

Q-Statistik (20 Lags) 14.290

Standardfehler der Korrelation 0.177

Abb. 8.8: Residuen der Streikgleichung: Daten, Autokorrelationen und Partielle Autokorrelationen

$$\ln S_t = \underset{(4.84)}{1.46} + \underset{(6.77)}{0.52}\, r^E_{t-1} - \underset{(6.21)}{2.32}\, U^{-1}_t - \underset{(0.94)}{0.66}\, \varepsilon_{t-1} + \mu_t - \underset{(0.69)}{0.51}\, \mu_{t-1}$$

1953-83; D.W. = 1.98; $\bar{R}^2$ = 0.45

kein verbessertes Erklärungsniveau.

Kapitel 9

Arbeitskonflikte als Indikator latenter Arbeitnehmermilitanz

Auf das Wesentliche reduziert lauten die in den Kapiteln 7 und 8 ermittelten empirischen Ergebnisse wie folgt:

(i) Festzustellen ist eine im Zeitablauf erstaunlich robuste Einbettung der Kollektivauseinandersetzungen auf dem Arbeitsmarkt in die makroökonomische Entwicklung der Bundesrepublik Deutschland.

(ii) Die makroökonomische Perspektive erklärt aber nur einen Teil der Schwankungen der Steiktätigkeit. Mehr als die Hälfte der Varianz dieser Grösse bleibt unerklärt.

(iii) Der Versuch, die Veränderungen der Streiktätigkeit mit zeitreihenanalytischen Methoden in der Tradition von Box und Jenkins wenigstens statistisch besser zu erklären, ist gescheitert.

Diese insgesamt zurückhaltend aufzunehmenden Ergebnisse sind Anlass für eine leicht veränderte Perspektive im vorliegenden Kapitel. Diese Perspektive hat insbesondere in der Lohntheorie eine lange Tradition und wurde in diesem Zusammenhang speziell in Grossbritannien in den 70er Jahren intensiv diskutiert. Sie besagt, dass der Streiktätigkeit nur eine beschränkt eigenständige Rolle in der makroökonomischen Entwicklung zukommt. Die zentrale Variable in einem kollektiven Arbeitsmarkt sei vielmehr die gewerkschaftliche Kampfbereitschaft, die Militanz, und die Streiktätigkeit sei zwar ein guter, aber eben nicht perfekter und nicht der einzig mögliche Indikator für diese Militanz.

Es besteht nun grundsätzlich die Gefahr, dass Unzulänglichkeiten des Indikators, der Streiktätigkeit, als Unzulänglichkeiten des Modells interpretiert werden, welches die Ursachen und Konsequenzen des nicht direkt messbaren theoretischen Konzepts, der Militanz, erklärt. Die Diskussion in den 70er Jahren konzentrierte sich darum insbesondere auf die Frage, was denn der brauchbarste Indikator für die Gewerkschaftsmilitanz sei. In der engeren Wahl standen hierbei natürlich die Streiktätigkeit, aber auch der Zuwachs des gewerkschaftlichen Mitgliederbestandes.[1] Da beide Indikatoren Stärken und Schwächen haben, verwundert nicht, dass die Auseinandersetzung mit einem Patt endete.

Die seit den bahnbrechenden Arbeiten von Jöreskog und Goldberger (1975) entstandenen MIMIC-Ansätze[2] erlauben es nun, bei der Frage nach dem zu verwendenden Indikator pragmatisch vorzugehen. Anstelle einer willkürlichen Entscheidung für die eine oder andere Messgrösse können gleichzeitig mehrere Indikatoren für das latente Konzept verwendet werden[3].

Die theoretische Basis liefert wieder das in den Kapiteln 3 und 5 formulierte Modell[4]. Allerdings wird nun unterstellt, dass das Modell nicht die Rolle der Arbeitskonflikte im zentralisierten Lohnverhandlungsprozess erklärt, sondern die Rolle der breiter angelegten gewerkschaftlichen *Militanz*. Die Gewerkschaftsführung muss sich gegenüber den Arbeitgebern militant geben, bereit zum Kampf für die Durchsetzung der Aspirationen der Mitglieder. Erst wenn sie dies erfolglos versucht, sind die Mitglieder bereit, ihre Ansprüche im Verlauf einer Verhandlungsrunde nach und nach zu reduzieren.

Der Unterschied zwischen dem oben verwendeten Streikmodell und dem im folgenden zugrundegelegten Militanzmodell lässt sich mittels eines Pfaddiagramms veranschaulichen:

[1] Vgl. Kapitel 4 und die dort genannte Literatur.

[2] MIMIC = Multiple Indicators Multiple Causes.

[3] Die methodischen Weiterentwicklungen seit Jöreskog und Goldberger (1975) beschreiben Aigner u.a. (1984).

[4] Theoretisch und methodisch knüpft Kapitel 9 an Gärtner (1985a) und Gärtner und Heri (1986) an.

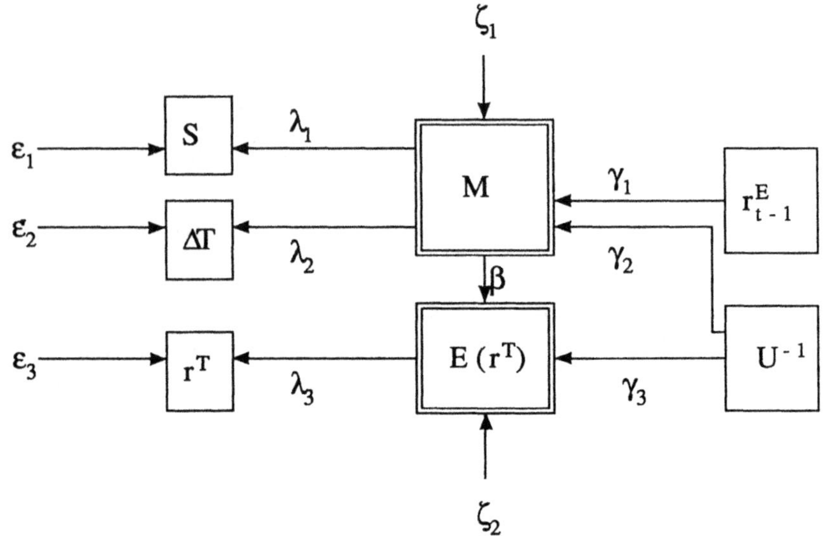

Abb. 9.1: Das Militanzmodell als Pfaddiagramm

Die rechte Hälfte der Darstellung hält die analog zu den Kapiteln 3 und 5 formulierten strukturellen Zusammenhänge fest: Die vorherbestimmten respektive exogenen Grössen r^E_{t-1} und U^{-1} wirken auf die endogenen Grössen Militanz M und erwarteter tariflicher Reallohnzuwachs $E(r^T)$. $E(r^T)$ wird gleichzeitig noch von M beeinflusst. Die Schätzfehler dieser Strukturgleichung sind ζ_1 und ζ_2. Im Gegensatz zu den vorherbestimmten Grössen, welche nach Annahme präzise messbar sind, stellen die endogenen Variablen latente Konzepte ohne direkten statistischen Gegenpart dar.

Der Zusammenhang zwischen diesen latenten Variablen und empirischen Messgrössen wird durch die linke Hälfte des Pfaddiagramms beschrieben: Die latente Grösse wirkt verzerrungsfrei, aber nicht fehlerfrei, auf bestimmte Indikatoren. Der Indikator für die erwartete Steigerung der erwarteten realen Tariflöhne ist r^T. Im folgenden sei unterstellt, dass $\varepsilon_3 = 0$ und $\lambda_3 = 1$, was besagt, dass $E(r^T) = r^T$ ist. Veränderungen der Militanz wirken auf zwei Indikatoren, den Logarithmus des Streikvolumens S, bezogen auf die Gesamtzahl der Beschäftigten,[5] und die Zuwachsrate des gewerkschaftlichen Mitgliederbestandes ΔT.[6] Zur Fixierung der Masseinheit von

[5] S im Kapitel 9 entspricht somit lnS in Kapitel 7.

[6] Natürlich kann die Mitgliederentwicklung der Gewerkschaften auch, losgelöst von den Fragestellungen dieses Buches, ein eigenständiges Forschungsthema sein. Eine derartige, breiter angelegte Studie für die Bundesrepublik legt Schnabel (1989) vor.

M, die sich nicht auf die statistischen Ergebnisse auswirkt, gelte $\lambda_1 = 1$.

In Matrix-Schreibweise lautet das in Abb. 9.1 dargestellte Modell

$$(9.1) \qquad (I-B)\eta = \Gamma x + \zeta$$

$$y = \Lambda\eta + \varepsilon\,.$$

mit

$$(9.2) \qquad \eta = \begin{bmatrix} M_t \\ E(r_t^T) \end{bmatrix} \qquad B = \begin{bmatrix} 0 & 0 \\ \beta & 0 \end{bmatrix} \qquad \Gamma = \begin{bmatrix} \gamma_{11} & \gamma_{12} \\ 0 & \gamma_{22} \end{bmatrix}$$

$$\zeta = \begin{bmatrix} \zeta_1 \\ \zeta_2 \end{bmatrix} \qquad \Lambda = \begin{bmatrix} 1 & 0 \\ \lambda & 0 \\ 0 & 1 \end{bmatrix} \qquad y = \begin{bmatrix} S_t \\ \Delta T_t \\ r_t^T \end{bmatrix} \qquad \varepsilon = \begin{bmatrix} \varepsilon_1 \\ \varepsilon_2 \\ 0 \end{bmatrix} \qquad x = \begin{bmatrix} r_{t-1}^E \\ U_t^{-1} \end{bmatrix}$$

In (9.1) bildet die erste Gleichung die postulierten strukturellen Zusammenhänge ab, die zweite Gleichung das Messmodell. Verbindet man die in (9.1) angegebenen Modellkomponenten, ergibt sich als Basis für Maximum-Likelihood-Schätzungen (siehe Anhang B)

$$(9.3) \qquad y = \Lambda(I-B)^{-1}(\Gamma x + \zeta) + \varepsilon.$$

Tabelle 9.1 enthält Schätzergebnisse diverser Varianten des aus (9.1) und (9.2) bestehenden Modells mit Hilfe eines von Jöreskog und Sörbom (1981) entwickelten Software-Pakets, das unter dem Namen LISREL (LInear Structural RELationships) bekannt ist.

Um einen Referenzpunkt zu setzen, verwenden die Schätzgleichungen 1 und 2 jeweils nur *eine* Messgrösse als fehlerfreien Indikator für die Arbeitnehmermilitanz. Die Tatsache, dass man mit beiden Varianten, $M = S$ und $M = \Delta T$, sehr ähnliche Resultate erzielt, stützt durchaus die diesem Kapitel zugrundeliegende Arbeitshypothese, dass S und ΔT *im Kern* etwas Gemeinsames messen.

Gleichung 3 geht nun davon aus, dass *nur* dieser gemeinsame Kern von S und ΔT die Militanz misst. Dies verbessert nicht nur die Signifikanzniveaus der verschiedenen Schätzkoeffizienten, sondern erhöht auch die Erklärungsniveaus beider Strukturgleichungen: Bei der Militanzgleichung von 48.5 respektive 44.7 auf 76.2 Prozent, bei der Reallohnwachstumsgleichung von 48.7 respektive 56.2 auf 65.1 Prozent.

TABELLE 9.1: DIE ROLLE DER GEWERKSCHAFTSMILITANZ IN ZENTRALISIERTEN LOHNVERHANDLUNGEN

Maximum Likelihood und Unweighted-Least-Squares Schätzungen; 1952-1983

		Militanzgleichung						Reallohnwachstumsgleichung						Messmodell		
		Erklärungsgrössen				Statistiken		Erklärungsgrössen				Statistiken				
Modell Nr.	Militanz-indikator(en) Methode	r^E_{t-1} (y_{11}	U^{-1}_t y_{12}	G_t y_{13}	ΔI_t y_{14})	R^2/	D.W.	M_t (β	U^{-1}_t y_{22}	G_t y_{23}	ΔI_t y_{24})	R^2/	D.W.	λ	var(ε_1)	var(ε_2)
(1)	S ML	0.77 (5.04)	-0.67 (4.39)	----	----	0.49	2.36	0.41 (3.08)	0.68 (5.10)	----	----	0.49	1.78	----	----	----
(2)	ΔT ML	0.79 (4.98)	-0.50 (3.14)	----	----	0.45	1.13	0.48 (4.05)	0.61 (5.10)	----	----	0.56	1.39	----	----	----
(3)	S,ΔT ML	0.78 (5.03)	-0.58 (4.09)	----	----	0.76	----	0.75 (3.77)	0.69 (5.54)	----	----	0.65	----	1.01 (4.30)	0.41	0.40
(4)	S,ΔT ML	0.61 (4.35)	-0.41 (3.73)	0.41 (3.79)	0.30 (3.02)	0.92	----	0.84 (2.95)	0.61 (5.06)	-0.17 (1.02)	0.03 (0.16)	0.65	----	1.31 (4.47)	0.46	0.29
(5)	S,ΔT ML	0.63 (4.55)	-0.43 (3.91)	0.39 (3.78)	0.31 (3.21)	0.93	----	0.80 (3.50)	0.65 (5.38)	----	----	0.63	----	1.27 (4.54)	0.42	0.40
(6)	S,ΔT ML	0.79 (5.17)	-0.60 (4.22)	----	----	0.79	----	0.64 (3.27)	0.65 (5.23)	0.09 (0.66)	0.22 (1.59)	0.66	----	0.98 (4.20)	0.53	0.23
(3')	S,ΔT ULS	0.67	-0.49	----	----	0.74	----	0.86	0.69	----	----	0.65		1.31	0.55	0.23

Bemerkungen: In Klammern sind wieder die absoluten t-Werte angegeben. D.W. ist die Durbin-Watson-Statistik. R^2 ist das Bestimmtheitsmass, das bei den Schätzungen der MIMIC-Modelle (3)-(3') wie folgt definiert ist: $R^2 = 1 - var(\zeta_i)/var(\eta_i)$. In der Militanzgleichung ist $\zeta_i = \zeta_1$ und $\eta_i = M$; in der Reallohnwachstumsgleichung $\zeta_i = \zeta_2$ und $\eta_i = r^T$.

Die mit Hilfe des LISREL-Ansatzes erzielten Ergebnisse festigen das Vertrauen in die hinter den früher erzielten Ergebnissen stehende ökonomische Struktur. Immerhin wird die Varianz der gewerkschaftlichen Militanz jetzt zu annähernd 3/4 erklärt und auch der Fit der Reallohngleichung, in der die Militanz eine wesentliche Rolle spielt, kommt jetzt nahe an 2/3 heran. Der hierfür zu bezahlende Preis ist der einer nun bescheideneren Rolle der Streiktätigkeit in diesem Modell. Die Streikentwicklung ist nur noch im Kern makroökonomisch relevant und enthält daneben eine vom Strukturmodell unerklärte Restvarianz. Der einschlägige Teil des Messmodells lautet[7]

$$S_t = 1.00\, M_t + \varepsilon_{1,t}. \qquad R^2 = 0.59$$

Die Gleichungen 4-7 stellen das Modell in einen erweiterten Datenkranz. Hierdurch wird das Modell um zwei in der einschlägigen Literatur populäre Hypothesen ergänzt,[8] nämlich

(1) dass Änderungen der ideologischen Couleur der Regierung gerade in stark zentralisierten Arbeitsmärkten die Militanz der Gewerkschaften und damit die Lohnentwicklung mitprägen.

(2) dass zwischen den verschiedenen Sektoren einer Volkswirtschaft erhebliche Unterschiede hinsichtlich der grundsätzlichen Kampfbereitschaft der in ihnen tätigen Gewerkschaften bestehen und sich somit industrieller Wandel zwangsläufig auf gesamtwirtschaftliche Militanz und Lohndynamik auswirken muss.

Unser Modell erlaubt es, diese Hypothese zu testen und insbesondere die genauen Übertragungskanäle zu erkennen.

Als Indikator für die Regierungsideologie wird eine Dummyvariable G verwendet, welche den Wert Eins annimmt, wenn die SPD während eines ganzen Jahres den Bundeskanzler stellte und unter CDU/CSU-Regierungen gleich Null ist. Für gemischte Jahre spiegelt G den SPD-Anteil wieder. So erhält G für 1969 den Wert 0.15 und für 1982 den Wert 0.8.

Den industriellen Wandel repräsentiert ΔI und wird gemessen als Änderung des Anteils der Beschäftigung im Produzierenden Gewerbe an der Gesamtbeschäftigung bezeichnet.

---

[7] Die Gleichung für den zweiten Indikator lautet

$$\Delta T_t = \underset{(4.30)}{1.007}\, M_t + \varepsilon_{2,t}. \qquad R^2 = 0.60$$

[8] Vgl. hierzu auch Gärtner (1985a).

In (9.2) verändern sich somit lediglich Γ und x zu

$$\Gamma = \begin{bmatrix} \gamma_{11} & \gamma_{12} & \gamma_{13} & \gamma_{14} \\ 0 & \gamma_{22} & \gamma_{23} & \gamma_{24} \end{bmatrix} \quad \text{und} \quad x' = [r^E_{t-1}, U^{-1}_t, G_t, \Delta I_t].$$

Um nun hier nicht vollständig auf das Niveau der Messung ohne Theorie abzusinken, sind G und ΔI in das in Kapitel 3.4 präsentierte *theoretische* Modell zu integrieren. Dies kann ohne formalen Aufwand geschehen, wenn man zusätzlich auf die in Kapitel 5 abgeleiteten Ergebnisse zurückgreift. Zur Erinnerung sei hier nochmals die grafische Darstellung des Modells mittels Konzessions- und Aspirationskurve wiederholt.[9]

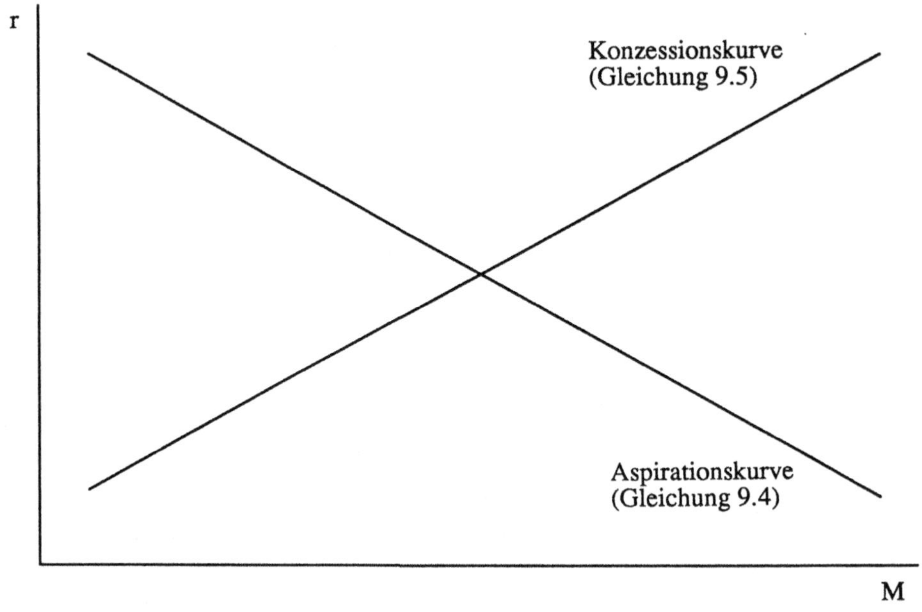

Abb. 9.2: Das Militanzmodell

Stützt man sich nicht auf eine reduzierte Form für beide endogenen Variablen, sondern auf die rekursive Spezifikation

$$(9.4) \qquad M_t = \gamma_{11} r^E_{t-1} + \gamma_{12} U^{-1}_t + \gamma_{13} G + \gamma_{14} \Delta I$$

---

[9] Nochmals: Die frühere Rolle der Streiktätigkeit wird jetzt vom breiteren, latenten Konzept der Militanz übernommen.

(9.5) $r_t^T = \beta M_t + \gamma_{22} U_t^{-1} + \gamma_{23} G + \gamma_{24} \Delta I,$

so gilt folgendes:

(1) Jede exogene Variable, welche nur die Aspirationskurve der Gewerkschaftsmitglieder tangiert, nicht jedoch die Konzessionskurve der Unternehmen, ist nur in der Militanzgleichung signifikant. Die Koeffizienten γ_{23} und γ_{24} sind dagegen Null.

(2) Jede exogene Variable, welche nur die Konzessionskurve der Unternehmen verschiebt und die Aspirationskurve unverändert lässt, ist in beiden Gleichungen signifikant, aber mit umgekehrten Vorzeichen.

(3) Jede exogene Variable, welche die Konzessionskurve und die Aspirationskurve verschiebt, kann prinzipiell in beiden Gleichungen signifikant sein. Grundsätzlich sind alle Vorzeichenkombinationen möglich. Als Spezialfall, wenn beide Kurven in die gleiche Richtung und gleich weit verschoben werden, kann der Koeffizient in einer der Gleichungen Null sein.

Von ΔI würde man dann einen positiven Einfluss auf die Aspirationen der Gewerkschaftsmitglieder erwarten, wenn diese Aspirationen im Produzierenden Gewerbe anders sind als in der übrigen Wirtschaft. Dies ist wahrscheinlich und kann historische, soziologische oder im engen Sinne ökonomische Ursachen haben wie etwa unterschiedliche Produktivitätsentwicklungen.[10] Unwahrscheinlich ist, dass sich das unternehmerische Kalkül von Sektor zu Sektor unterscheidet. Somit dürfte eine Veränderung von ΔI nur die Aspirationskurve der Gewerkschaftsmitglieder verschieben, nicht jedoch die unternehmerische Konzessionskurve. Hieraus ergibt sich die Hypothese $\gamma_{14} \neq 0$ und $\gamma_{24} = 0$.

Wechsel in der Regierungsführung von Christ- auf Sozialdemokraten und umgekehrt signalisieren (oder signalisierten zumindest in der Vergangenheit) neue ideologische Perspektiven und veränderte wirtschaftspolitische Prioritäten. Es ist plausibel, anzunehmen, dass sich Arbeitnehmer von einer ihnen freundlich gesinnten Regierung auch Vorteile im Lohnbereich erhoffen: kurzfristig etwa, weil bestehende Spielregeln nun anders ausgelegt werden; auf mittlere und längere Sicht, weil sich der gesetzliche Rahmen zu ihren Gunsten verändert. Die Arbeitgeber werden sich zwar an solche Veränderungen anpassen, doch ist nicht klar, weshalb sich die Neigung ihrer Indifferenzkurven verändern sollte. Dies wäre ja nur dann der Fall, wenn sich für sie die Kosten eines zusätzlichen Streiktages - ausgedrückt in Lohnprozenten - veränderte.

---

[10] Die Rolle der Produktivitätsentwicklung kann man natürlich explizit berücksichtigen. Dies wurde auch versucht, allerdings ohne Erfolg. Möglicherweise liegt dies an der schlechten Qualität einschlägiger Daten. In jedem Fall entspricht es den Ergebnissen, welche auch andere Autoren in diesem Punkt erzielt haben. Siehe z.B. Kahn (1984).

Dies ist zumindest kurz- und mittelfristig unwahrscheinlich und somit ist anzunehmen, dass die Konzessionskurve der Arbeitgeber auf ihrer alten Position bleibt. Eine Veränderung von G würde sich nach dieser Argumentation nur in der Militanzgleichung auswirken und γ_{23} hätte den Wert Null.

Modell 4 in Tabelle 9.1 zeigt nun die Ergebnisse der Schätzung des um G und ΔI erweiterten Modells, ohne Parameterbeschränkungen auf γ_{13}, γ_{14}, γ_{23} und γ_{24}. Die Ergebnisse sind mit der These kompatible, dass sich politischer und industrieller Wandel nur auf die Lohnaspirationen der Arbeitnehmer auswirken, aber nicht auf die Konzessionsbereitschaft der Arbeitgeber. Dies ergibt sich daraus, dass G und ΔI nur in der Militanzgleichung signifikant werden, aber nicht in der Lohngleichung. Somit haben diese Grössen keinen direkten Einfluss auf die Reallohnentwicklung, sondern nur einen indirekten über die Gewerkschaftsmilitanz.

Die Modelle 5 und 6 beschränken die Parameter von G und ΔI in der Lohn- respektive der Militanzgleichung auf Null und unterstreichen insgesamt das mit Modell 4 erzielte Ergebnis. Erwähnenswert ist, dass die Erweiterung des Modells gegenüber (3) das Bestimmtheitsmass der Militanzgleichung von 76 auf 93 Prozent anhebt. Menge (U) und Preis (r^E) auf dem Arbeitsmarkt plus politisch-struktureller Wandel erklären somit fast vollständig die Varianz der Gewerkschaftsmilitanz - im hier definierten Sinne, selbstverständlich. Bemerkenswert ist weiter, dass ein Regierungswechsel nach links die Gewerkschaften *permanent* militanter macht und somit auf Dauer zu höheren Lohnzuwachsraten führt. Industrieller Wandel wirkt sich dagegen nur *transitorisch* aus, führt also auf ein anderes Reallohnniveau, aber danach zu den gleichen Wachstumsraten.

Modell 3' versucht, dieses Kapitel abzurunden, indem hier das Modell 3 nicht mit dem Maximum-Likelihood-Verfahren und der dahinterstehenden Normalverteilungsannahme geschätzt wird, sondern mit dem Unweighted-Least-Squares-Verfahren. Die geschätzten Koeffizienten unterscheiden sich nicht nennenswert von den auf der Basis von (3) erzielten Ergebnissen.

TEIL 4

KONJUNKTURSTEUERUNG UND EXOGENE SCHOCKS BEI ZENTRALISIERTEM ARBEITSMARKT

Kapitel 10

Das Problem der Lohndrift

Im Mittelpunkt der bisherigen Überlegungen und empirischen Untersuchungen stand die direkte und eng verstandene Interaktion zwischen der Streiktätigkeit in einer Volkswirtschaft (bzw. der nicht direkt messbaren Militanz in Kap. 3.5) und dem gesamtwirtschaftlichen Lohnniveau. Um hierbei den Blick auf das Wesentliche nicht zu verstellen, wurde mit einer ganzen Reihe von vereinfachenden Annahmen gearbeitet. So wurde ein absolut synchroner Verlauf von Tarif- und Effektivlöhnen unterstellt. Weiter wurde die *Arbeitslosenquote als exogene Variable* betrachtet, die einerseits nicht auf andere Variablen des Modells wie z.B. die Reallohnentwicklung reagiert und andererseits auch keine expliziten Ansatzpunkte für geld- und fiskalpolitische Massnahmen oder den Einfluss anderer exogener Grössen wie z.B. die Rohstoffpreise bietet.

Im vorliegenden und in den folgenden Kapiteln sollen diese beiden einschränkenden Annahmen aufgegeben werden. Dabei macht die explizite Modellierung des Zusammenhangs zwischen Effektiv- und Tariflöhnen die geringsten Schwierigkeiten. Hierbei handelt es sich ja weitgehend um einen auf den Arbeitsmarkt und die bereits in der bisherigen Analyse verwendeten Variablen beschränkten Prozess. Aufwendiger und kontroverser ist die Endogenisierung der Arbeitslosenquote. Hierbei kann man sich nicht mehr auf die bisherige Variablenmenge beschränken. Zum einen muss man hier zusätzlich zur Entwicklung des relevanten Marktpreises - des Reallohns - auch exogene Entwicklungen mitberücksichtigen, welche Angebots- bzw. Nachfrageverschiebungen herbeiführen - oder, in anderer Terminologie, die natürliche Arbeitslosenquote verändern. Zum andern muss man aber selbstverständlich auch den Einsatz geld- und fiskalpolitischer Instrumente modellieren. Da die wirtschaftswissenschaftliche Diskussion der letzten beiden Jahrzehnte gerade die Möglichkeit systematischer Konjunktursteuerung in Frage gestellt hat - Stichwort: "Neue Klassische Makroökonomie" bzw. "Rationale Erwartungen" - erfordert eine zeitgemässe Behandlung dieses Thema die Aufspaltung von Politikvariablen in erwartete und unerwartete Komponenten und somit, als Voraussetzung, die Spezifikation und Schätzung von *Reaktionsfunktionen* der Geld- und Fiskalpolitik.[1] Innerhalb des so entstehenden kleinen ökonometrischen Modells für die bundesdeutsche Wirtschaft im Zeitraum 1952 bis 1983 lassen sich dann die Auswirkungen von geld- und fiskalpolitischen Eingriffen in einer durch einen zentralisierten Arbeitsmarkt charakterisierten offenen Volkswirtschaft nachvollziehen.

Angesichts des Untersuchungsgegenstandes von Teil 3 war die Annahme einer völlig parallelen Entwicklung von Tariflöhnen und Effektivlöhnen sicherlich eine sinnvolle erste Approximation. Dies illustriert auch die grafische Gegenüberstellung der Zuwachsraten beider Grössen in Abb. 10.1.

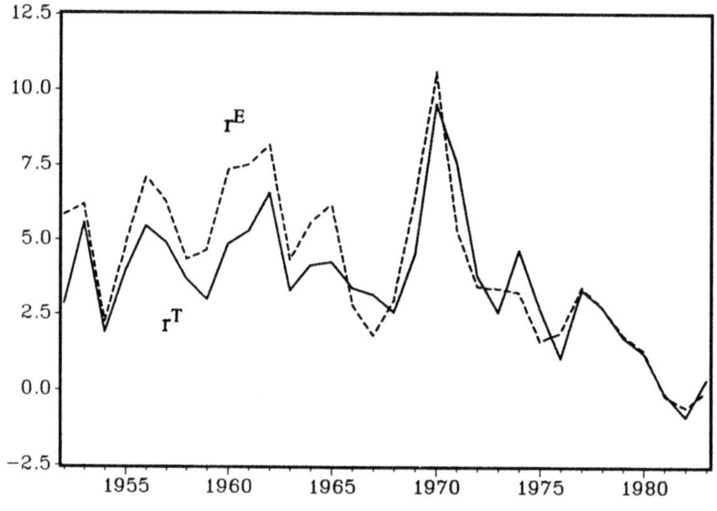

Abb. 10.1: Lohndrift 1952-1983

Trotz dieses optischen Gleichlaufs wissen wir aber, dass es systematische Asynchronitäten in der Entwicklung beider Lohnreihen gibt. Dieses Phänomen wird in

[1] Eine sehr konzise Darstellung des Beitrags der Neuen Klassischen Makroökonomie enthält das Buch von Minford und Peel (1983).

der Literatur seit langem unter dem Stichwort *Lohndrift* diskutiert.[2] Die oben gewonnenen empirischen Einsichten stehen und fallen nun mit dem Ausmass der Lohndrift, also mit der Haltbarkeit der Synchronitätsannahme. Wird letztere aufgegeben und durch eine strukturelle Erklärung der Lohndrift ersetzt, so führt dies zweifellos zu einer Verfeinerung der empirischen Ergebnisse zur makroökonomischen Rolle von Arbeitskonflikten. Dies ist zwar im Rahmen des bisher zugrundegelegten Zweigleichungsmodells von eher geringer Bedeutung, wird möglicherweise aber später umso wichtiger, wenn wir versuchen, auch die Arbeitslosenquote zu endogenisieren. Rückwirkungen von der Lohnentwicklung auf die Unterbeschäftigung sind ja über die Effektivlöhne zu erwarten. Deshalb ist es wünschenswert, die Effektivlöhne nicht nur per Annahme an die in unserem Modell erklärten Tariflöhne anzukoppeln, sondern die Interaktion zwischen beiden Variablen explizit und möglichst detailliert abzubilden.

Zum Zusammenhang zwischen Tarif- und Effektivlöhnen sind vier grundsätzliche Hypothesen denkbar:

1. Beide Grössen sind unabhängig voneinander.
2. Die Effektivlöhne bestimmen die Tariflöhne.
3. Die Tariflöhne bestimmen die Effektivlöhne.
4. Beide Grössen werden durch eine dritte Grösse bestimmt.

Eine einfache Regression der Wachstumsrate der realen Tariflöhne auf die Wachstumsrate der realen Effektivlöhne ergibt

$$(10.1) \qquad r_t^E = \underset{(0.67)}{0.28} + \underset{(10.89)}{1.09}\, r_t^T.$$

$$1952\text{-}1983; \quad \bar{R}^2 = 0.79; \text{SER} = 1.20; \text{D.W.} = 1.21.$$

Hypothese 1 kann mit einer Irrtumswahrscheinlichkeit von annähernd null verworfen werden. Aus dem insignifikanten Konstantglied können wir schliessen, dass die Wachstumsrate der Effektivlöhne im Durchschnitt des Betrachtungszeitraums nicht systematisch über oder unter der Tariflohnzuwachsrate lag. Wichtig ist weiter, dass sich der Schätzkoeffizient der Tariflöhne nicht signifikant vom Wert 1 unterscheidet. Wenn also die Tariflöhne um einen Prozentpunkt wachsen, so steigen auch die Effek-

[2] Ein Standardbeitrag zur Lohndrift ist nach wie vor Gerfin (1969). Fragen der Lohndrift in Volkswirtschaften mit kollektiven Arbeitsmarktbeziehungen werden in jüngerer Zeit insbesondere in Skandinavien wieder intensiver diskutiert. Siehe z.B. Holden (1989) und Holmlund und Skedinger (1988).

tivlöhne um einen Prozentpunkt. Diese einfache Formel, die ja genau unserer Synchronitätsannahme entspricht, erklärt fast 80 Prozent der Varianz der Tariflohnsteigerungsraten seit 1952.

Aufgrund des sich für die Durbin-Watson-Statistik ergebenden Werts von 1.21 müssen wir allerdings die Hypothese verwerfen, dass die Schätzfehler unkorreliert sind. Trägt man dieser Verletzung einer der Grundannahmen der OLS-Methode durch die Unterstellung eines autokorrelierten Störterms zunächst auf rein technische Weise Rechnung, so ergibt sich bei Unterstellung eines AR(1)-Prozesses für den Schätzfehler u_t, d.h. $u_t = \rho_1 \; u_{t-1} + v_t$

$$r_t^E = \underset{(1.23)}{0.61} + \underset{(9.13)}{1.00}\, r_t^T + \underset{(2.30)}{0.38}\, u_{t-1} + v_t,$$

1952-1983; $\bar{R}^2 = 0.82$; SER = 1.11; D.W. = 1.69,

bei Annahme eines MA(1)-Prozesses, d.h. $u_t = v_t + \rho_2 \; v_{t-1}$,

$$r_t^E = \underset{(1.16)}{0.58} + \underset{(8.73)}{0.97}\, r_t^T + v_t - \underset{(4.39)}{0.62}\, v_{t-1},$$

1952-1983; $\bar{R}^2 = 0.86$; SER = 1.00; D.W. = 1.74,

wobei nun v_t "weisses Rauschen" darstellt. Mit beiden Varianten gelingt es, den Schätzfehler von Autokorrelation 1. Ordnung zu befreien. Die aus Gleichung 10.1. gezogenen Schlüsse bleiben jedoch von den modifizierten Schätzverfahren unberührt.

Unsere zunächst rein technische Behandlung des in Gleichung (10.1) angetroffenen Problems autokorrelierter Residuen lässt die Möglichkeit ausser acht, dass die Ursache hierfür eine theoretisch unzureichend spezifizierte Schätzgleichung sein könnte, welche wichtige Einflussgrössen nicht berücksichtigt. Wir werden uns nun mit dieser Möglichkeit befassen und uns damit gleichzeitig den am Beginn dieses Kapitels geäusserten Hypothesen 2, 3 und 4 zur Lohndrift zuwenden.

Die Hypothesen 2 und 3 werfen die Frage nach der in der Beziehung zwischen Effektiv- und Tariflöhnen letztlich *dominierenden* Kausalrichtung auf, wobei Kausalität hier im verhaltenstheoretischen Sinn zu verstehen ist und nicht im modernen, speziell zeitreihenanalytischen Sinn. Dass bivariate Kausalitätstests letzterer Provenienz die Theorie leider nur beschränkt voranbringen, weiss man inzwischen.[3] Statistisch kann man nur Kausalitäten im Sinne von verzögerten Wirkungen einer Varia-

---

[3] Vgl. hierzu z.B. Kirchgässner (1981) oder Cooley und LeRoy (1985).

blen auf eine andere feststellen. Besteht ein primär gleichzeitiger Zusammenhang (gleichzeitige statistische Kausalität) wie in unserem Fall, und damit muss man gerade bei der Verwendung von Jahresdaten rechnen, ist die dominierende Einflussrichtung statistisch nicht mehr auszumachen. Ein theoretisches Verhaltensmodell ist dann unerlässlich.

Wir stützen uns deshalb im weiteren auf das Kernmodell der vorliegenden Arbeit, welches eine theoretische Erklärung der Tariflohnentwicklung liefert und gehen davon aus, dass die Tariflöhne letztlich, wenn auch nicht direkt, sondern möglicherweise auf Umwegen, auch die Effektivlöhne (mit)bestimmen. Zwar soll auch die statistische Robustheit dieses theoretischen Ansatzes untersucht werden, doch wird die Interpretation im Zweifelsfalle, also etwa bei Vorliegen eines (eventuell partiellen) gleichzeitigen Zusammenhangs, im Sinne des in Teil 3 verwendeten Kollektivverhandlungsmodells erfolgen.

Eine naheliegende Verbesserung der Spezifikation von (10.1) ist die Berücksichtigung vergangener Lohnzuwachsraten; einerseits wegen der aus anderen Studien[4] bekannten autoregressiven Struktur der Zuwachsraten der preisbereinigten Effektivlöhne, andererseits weil die Reaktion der Effektivlöhne auf beschlossene Tariflohnerhöhungen möglicherweise doch eine gewisse Zeit in Anspruch nimmt. Erweitern wir (10.1) um r^E_{t-1} und r^T_{t-1}, so ergibt sich

$$r^E_t = \underset{(1.17)}{0.49} + \underset{(7.71)}{1.05}\, r^T_t + \underset{(1.75)}{0.36}\, r^E_{t-1} - \underset{(2.25)}{0.46}\, r^T_{t-1}\,.$$

1953-1983; $\bar{R}^2 = 0.836$; SER = 1.08; D.W. = 1.62.

Rein statistisch ist das Ergebnis durchaus befriedigend. So zeigt der Durbin-Watson-Test keine Autokorrelation der Residuen mehr an, und der signifikante Schätzkoeffizient für r^T_{t-1} widerspricht zumindest nicht der Hypothese einer Kausalwirkung von r^T nach r^E.

Allerdings sind die Koeffizienten der verzögerten Variablen schwer zu interpretieren. Bei einer verzögerten Anpassung der Effektivlöhne an die Tariflohnabschlüsse hätten wir hier die entgegengesetzten Vorzeichen erwartet: Wenn gestern die Effektivlöhne langsamer als die Tariflöhne gewachsen sind, so müsste dies heute durch eine vergleichsweise stärkere Zunahme aufgeholt werden. Die ermittelten Vorzeichen besagen jedoch das Gegenteil: Sind die Effektivlöhne im Verlaufe eines Jahres stärker gestiegen als die Tariflöhne, so werden sie dies, wenn auch in geringerem Masse, im nächsten Jahr wieder tun. Nun liegt die Vermutung nahe, dass für die Beharrungs-

[4] Siehe z.B. Gärtner (1983).

tendenz, die durch dieses auf den ersten Blick unbefriedigende Ergebnis beschrieben wird, der Einfluss einer dritten, unberücksichtigt gebliebenen Variable verantwortlich ist.

Die in der Literatur zur Lohndrift dominierende Hypothese lautet, dass Tariflöhne und Effektivlöhne unterschiedlich auf die Angebots- und Nachfragesituation am Arbeitsmarkt reagieren. Tabelle 10.1 berichtet über eine Reihe von Schätzergebnissen auf Basis dieser Hypothese, wobei unterstellt wird, dass der Nachfrageüberhang auf dem Arbeitsmarkt eine Funktion f(U) der Arbeitslosenquote ist. Gleichung 1 vermittelt zunächst den Eindruck, als gäbe es keinen messbaren Einfluss der Arbeitslosenquote auf die Lohndrift. Dieses Bild ändert sich jedoch, wenn in Gleichung 2 zusätzlich die Arbeitslosenquote des Vorjahres berücksichtigt wird. Da die laufende und die verzögerte Arbeitslosenquote identische Koeffizienten bei entgegengesetzten Vorzeichen aufweisen, ist zu schliessen, dass nicht das *Niveau* der Arbeitslosigkeit die Lohndrift bestimmt, sondern die *Veränderung* der Arbeitslosenquote. Steigt die Arbeitslosenquote gegenüber dem Vorjahr um einen Prozentpunkt, wachsen die Effektivlöhne um rund 0.8 Prozentpunkte langsamer als die Tariflöhne. Im Gleichschritt wachsende Tarif- und Effektivlöhne gibt es nur bei unveränderter Arbeitslosenquote, unabhängig von deren Niveau.

Da der Durbin-Watson-Testwert auch in Gleichung 2 noch nahe der unteren Grenze des Unbestimmtheitsbereichs liegt und somit auf mögliche Spezifikationsmängel hindeutet, arbeiten die Gleichungen 3 und 5 mit verschiedenen Formulierungen eines nichtlinearen Zusammenhangs zwischen Lohndrift und Änderungen der Arbeitslosenquote. Statistisch am erfolgreichsten ist die in Gleichung 3 zugrundegelegte Spezifikation $f(U) = 1/U$. Dies gilt sowohl bezüglich des erreichten Bestimmtheitsmasses, als auch in bezug auf den Durbin-Watson-Wert. Die Auswirkung einer Veränderung der Arbeitslosenquote auf die Lohndrift wird nach dieser Formulierung mit zunehmender Arbeitslosigkeit immer kleiner und verschwindet bei Arbeitslosenquoten von fast 10 Prozent, wie wir sie seit Beginn der 80er Jahre erleben, praktisch völlig. Eine Zunahme der Arbeitslosenquote von 1 auf 2 Prozent lässt dagegen die Effektivlöhne im gleichen Jahr rund 1.5 Prozentpunkte langsamer steigen als die Tariflöhne.

Gleichung 4 zeigt, dass die Berücksichtigung von Arbeitslosenquoten die weiter als ein Jahr zurückliegen, nicht erfolgreich ist. Gleichung 6 liefert Evidenz gegen die Hypothese, dass die gegenwärtige Lohndrift auch durch die Lohndrift des Vorjahres mitbestimmt wird. Gleichung 7 schätzt nochmals Gleichung 3 unter der Annahme, dass die Koeffizienten für $-1/U_t$ und $1/U_{t-1}$ identisch sind. Die Hypothese, dass sich diese beiden Koeffizienten in Gleichung 3 unterscheiden, ist auf dem 99 Prozentniveau zu verwerfen. Gleichung 7 hat mit einem Bestimmtheitsmass von 0.91

TABELLE 10.1: ARBEITSLOSENQUOTE UND LOHNDRIFT

OLS- und GLS-Schätzungen für den Zeitraum 1952-1983 (soweit nichts Gegenteiliges vermerkt); endogene Variable: r_t^E

	Erklärungsvariablen								Testgrössen			
Gleichung	Konstante	r_t^T	$f(U_t)$	$f(U_{t-1})$	$f(U_{t-2})$	$f(U_t)$-$f(U_{t-1})$	r_{t-1}^E	r_{t-1}^T	$\bar{R}^2$	SER	D.W.	Bemerkungen
(1)	0.10 (0.15)	1.11 (9.43)	0.03 (0.33)	----	----	----	----	----	0.79	1.22	1.24	f(U)=U
(2)	0.85 (1.45)	0.93 (8.79)	-0.80 (-3.56)	0.79 (3.93)	----	----	----	----	0.86	1.00	1.35	f(U)=U
(3)	0.58 (1.84)	1.01 (11.22)	3.27 (4.75)	-3.30 (-5.20)	---	----	----	----	0.89	0.88	1.47	f(U)=1/U
(4)	0.66 (1.87)	0.99 (10.17)	3.21 (4.54)	-2.88 (-2.83)	-0.38 (-0.52)	----	----	----	0.90	0.89	1.43	f(U)=1/U
(5)	0.55 (1.67)	1.02 (10.76)	1.57 (3.96)	-1.62 (-4.47)	----	----	----	----	0.87	0.94	1.31	f(U)=1/U²
(6)	0.50 (1.62)	0.97 (9.39)	3.18 (4.96)	-2.98 (-4.82)	----	----	0.15 (0.95)	-0.17 (1.03)	0.91	0.78	1.83	f(U)=1/U; 1953-1983
(7)	0.57 (1.90)	1.01 (13.62)	----	----	----	3.29 (5.36)	----	----	0.89	0.87	1.47	f(U)=1/U
(8)	0.48 (1.60)	1.00 (13.58)	----	----	----	3.06 (5.34)	----	----	0.92	0.76	1.91	f(U)=1/U; Störterm folgt AR(1)-Prozess
(9)	0.63 (2.05)	0.99 (12.93)	----	----	----	3.12 (4.85)	----	----	0.89	0.87	1.82	f(U)=1/U; Störterm folgt MA(1)-Prozess

Bemerkungen: Vgl. Tabelle 7.1.

ein völlig zufriedenstellendes Erklärungsniveau und wird in den folgenden Kapiteln als weitere Strukturgleichung unseres Makromodells der deutschen Wirtschaft dienen. Da der Test auf Autokorrelation erster Ordnung in Gleichung 7 nicht ganz schlüssig ist, operieren die Gleichungen 8 und 9 zur Abklärung dieses Problems mit den Hypothesen, der Störterm folge einem AR(1)- respektive einem MA(1)-Prozess. Diese Modifikationen haben jedoch keine nennenswerten Auswirkungen auf das Schätzresultat.

Die *empirischen Ergebnisse* dieses Kapitels lassen sich wie folgt zusammenfassen: Die Hypothese, dass sich Tarif- und Effektivlöhne parallel entwickelt haben, ist für die Bundesrepublik Deutschland eine sehr leistungsfähige erste Approximation der Realität, die allein knapp 80 Prozent der Varianz der realen Effektivlohnzuwachsraten erklärt und auch als Partialerklärung, in Kombination mit anderen Variablen, Bestand hat. Abweichungen von dieser Synchronität in der Entwicklung beider Lohnreihen gibt es nur bei sich *verändernder* Arbeitsmarktsituation. Dies folgt zum einen aus dem nicht signifikanten Konstantglied, zum andern daraus, dass nur die *Veränderung* der Arbeitslosenquote einen statistisch gesicherten Erklärungsbeitrag zur Lohndrift liefert, nicht jedoch das Unterbeschäftigungs*niveau*.

Abschliessend ist in diesem Kapitel die Frage zu stellen, wie die gewonnenen empirischen Einsichten, wenn man sie an Stelle der in Teil 3 verwendeten Annahme $r^E = r^T$ setzt, die Eigenschaften unseres Streikmodells verändern: Unberührt von dieser Modellerweiterung bleiben die qualitativen dynamischen Eigenschaften des Modells, also auch die Stabilitätsbedingungen, und die Modellgleichgewichte. Dies liegt daran, dass U weiterhin exogen ist und für $1/U_t$ und $1/U_{t-1}$ identische Koeffizienten in der Lohndriftgleichung festgestellt wurden. Unverändert bleibt weiter der Impact-Effekt einer Veränderung der Arbeitslosenquote auf Streiks und Tariflohnwachstum, da neu eine Zunahme von U zwar r^E reduziert, dieses jedoch S und r^T erst mit einem Jahr Verzögerung beeinflusst. Nach einem Jahr dämpft die verringerte Effektivlohnzuwachsrate über reduzierte Ansprüche der Gewerkschaftsmitglieder die Streiktätigkeit und somit auch das Tariflohnwachstum. Die weitere Entwicklung von S und r^T lässt sich am besten anhand von *Simulationen* nachvollziehen und mit der Variablenentwicklung nach dem Grundmodell aus Teil 3 vergleichen.

Die Abbildungen 10.2 - 10.4 zeigen jeweils die Reaktion einer der endogenen Grössen $\ln S_t$, r_t^T und r_t^E auf eine einmalige und bleibende Erhöhung der Arbeitslosenquote. Zum Vergleich wird in jeder Abbildung auch die Entwicklung der endogenen Variablen nach dem einfacheren Modell aus Kapitel 7 gezeigt, in welchem ja an die Stelle einer expliziten Berücksichtigung der Lohndrift die Hypothese $r_t^T = r_t^E$ gesetzt wurde.

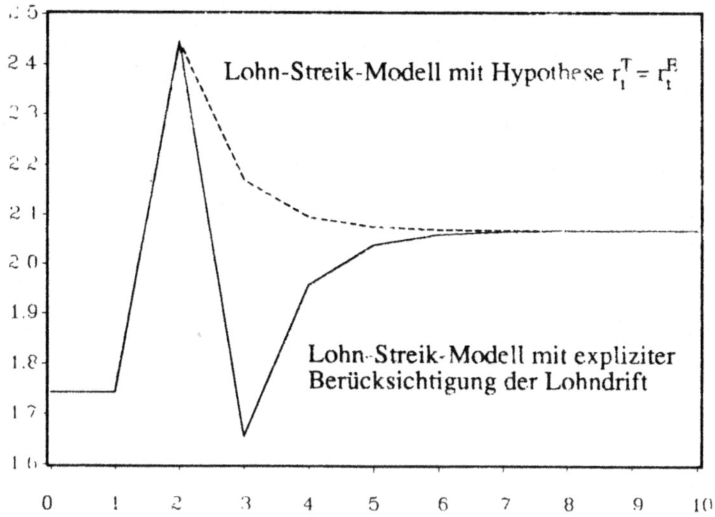

Abb. 10.2: Simulation der Streikentwicklung

Für den Verlauf der Streiktätigkeit gilt das oben Gesagte: Der Impact-Effekt und das langfristige Gleichgewicht sind gleich wie in der Modellvariante ohne Lohndrift. Während im Modell ohne Lohndrift das Streikvolumen nach dem ursprünglichen Überschiessen aber monoton Richtung Gleichgewicht absinkt, überschiesst es in der

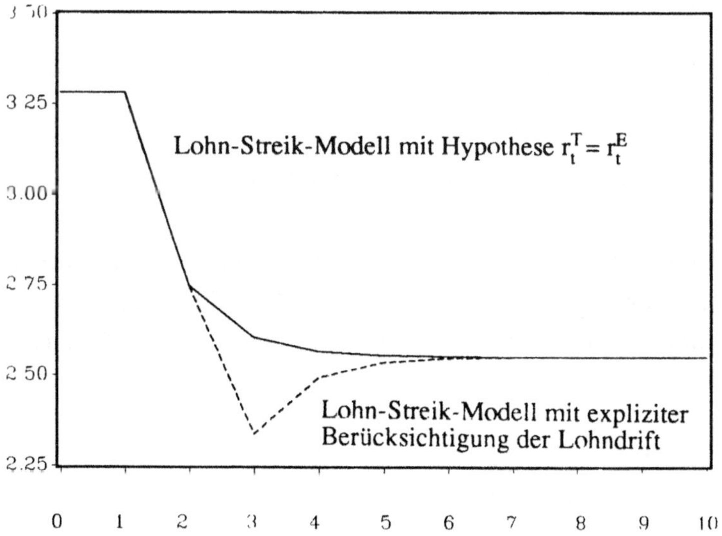

Abb. 10.3: Simulation der Effektivlohnentwicklung

Lohndrift-Variante nochmals in entgegengesetzte Richtung und verhält sich damit noch volatiler. Erst danach erfolgt die asymptotische Anpassung ans Gleichgewicht. Der Grund für dieses nochmalige Überschiessen nach unten liegt darin, dass der Anstieg der Arbeitslosenquote vorübergehend auch die Effektivlöhne langsamer wachsen lässt als die Tariflöhne. Dies dämpft in der Post-Impact-Periode die Aspirationen der Gewerkschaftsmitglieder und damit auch das Streikvolumen.

Abb. 10.3 zeigt dieses vorübergehende Abbremsen des Effektivlohnwachstums durch den Anstieg der Arbeitslosenquote. Der Rückgang ist so stark, dass die Effektivlohnwachstumsrate sogar ihren neuen, bei der höheren Arbeitslosigkeit tieferen Gleichgewichtswert überschiesst. Im weiteren Verlauf wird das entstandene Ungleichgewicht mit einer monotonen asymptotischen Entwicklung beseitigt.

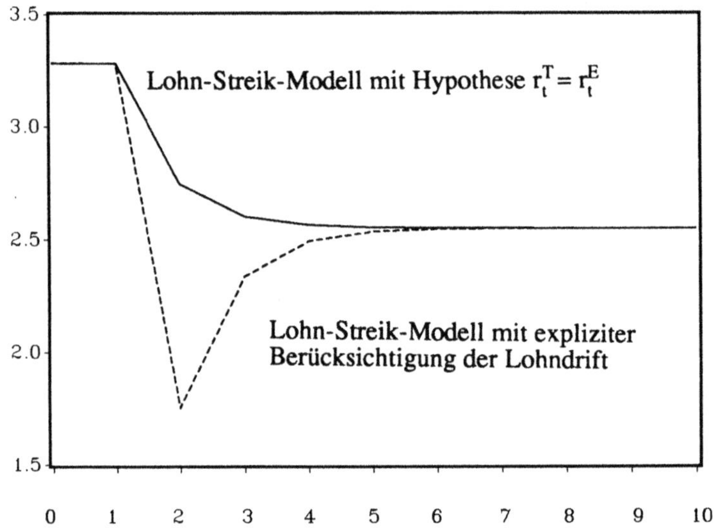

Abb. 10.4: Simulation der Tariflohnentwicklung

Das Tariflohnwachstum entwickelt sich qualitativ gleich wie das Effektivlohnwachstum. Allerdings unterschiesst es sein Gleichgewicht in der Post-Impact-Periode weit weniger stark und ist somit weniger volatil als das Effektivlohnwachstum.

Kapitel 11

Endogenisierung der Unterbeschäftigung

Die bisherige Klassifizierung der Arbeitslosenquote als eine ausserhalb des Modells bestimmte Grösse spiegelt in sehr pointierter Form die Annahme wider, dass Preisreaktionen auf aggregierten Arbeitsmärkten - der "Preis" ist hier natürlich der Reallohn - schneller eintreten und somit für die kurze Frist relevanter sind als Mengenreaktionen. Soll der Blick jedoch über die kurze Frist hinausreichen, und will man der empirischen Analyse auch Einsichten zum seit nunmehr eineinhalb Jahrzehnten dominierenden Beschäftigungsproblem abringen sowie Ansatzpunkte der Wirtschaftspolitik im Rahmen des entwickelten Modells aufzeigen, so muss man die Arbeitslosenquote als Mengenindikator in das Modell integrieren und nach ihren Bestimmungsfaktoren suchen[1].

11.1. EIN ORTHODOXES BASISMODELL

Pragmatischer Ausgangspunkt für die Endogenisierung der Mengenreaktionen auf dem Arbeitsmarkt ist die Hypothese, dass sich die Arbeitslosenquote U adaptiv an ihren natürlichen Wert U^N anpasst:

---

[1] Mit dem Beschäftigungsproblem, speziell mit dem europäischen, haben sich in den letzten Jahren dutzende von hochkarätig besetzten Konferenzen, umfangreiche Sammelbände und Monografien beschäftigt [siehe z.B. Greenhalg, Layard und Oswald (1983) und Cross (1988)]. Kapitel 11 zielt nicht darauf ab, diese Forschungen voranzutreiben, sondern soll das im Mittelpunkt dieses Buches stehende Lohn-Streik-Modell in einen hoffentlich konsensfähigen makroökonomischen Rahmen einbetten.

$$U_t - U_{t-1} = a(U_t^N - U_{t-1}),$$

bzw.

$$(11.1) \qquad U_t = aU_t^N + (1-a)U_{t-1}.$$

Gleichung 11.1 kann zum Beispiel aus der Minimierung einer quadratischen Verlustfunktion V des Unternehmenssektors hergeleitet werden. Kostenargumente sind in dieser Verlustfunktion sowohl von der natürlichen Arbeitslosenquote abweichende Unterbeschäftigungsniveaus als auch Anpassungen des Beschäftigungsstandes. Das Optimierungsproblem für die Unternehmen lautet somit

$$\underset{U_t}{\text{minimiere}}\ V_t = c_1(U_t^N - U_t)^2 + c_2(U_t - U_{t-1})^2.$$

Gleichung 11.1 ergibt sich dann direkt aus den Optimalbedingungen 1. Ordnung,

$$\delta V_t/\delta U_t = -2c_1(U_t^N - U_t) + 2c_2(U_t - U_{t-1}) = 0,$$

wobei $a = c_1/(c_1 + c_2)$. Wegen

$$\delta^2 V/\delta U^2 = 2c_1 + 2c_2 > 0$$

handelt es sich bei der so charakterisierten Lösung auch tatsächlich um ein Kostenminimum.

Den Intentionen dieses Kapitels entsprechend soll nun bei der Operationalisierung von (11.1) nicht versucht werden, die Determinanten des zunächst vagen Konzepts der natürlichen Arbeitslosenquote möglichst komplett zu erfassen.[2] Stattdessen beschränken wir uns auf die Ergänzung von (11.1) um einen überschaubaren Vektor X von Variablen, die für die hier untersuchten Fragen interessant oder aber im betrachteten Zeitraum quantitativ relevant sind. Dabei bleibt offen, ob man die Wirkungen dieser Grössen, soweit die Veränderungen der Variablen nicht sowieso permanent sind, als kurzfristige und sogleich wieder revidierte Verschiebung von U^N interpretiert oder als Störung des Anpassungsprozesses von U nach U^N. Wegen

---

[2] Eine relativ umfassende Diskussion mit weiterführenden Literaturhinweisen zur Frage nach den Bestimmungsfaktoren der natürlichen Arbeitslosenquote enthält z.B. Robinson (1986), Kapitel 15.

der unberücksichtigt bleibenden nicht interessierenden oder schwer quantifizierbaren Determinanten der natürlichen Arbeitslosenquote wird U^N als autoregressiver Prozess in U dargestellt. Auf diese Weise erhalten wir

$$(11.2) \qquad a^n(L)U_t = \mathbf{b}\mathbf{X}_t,$$

wobei

$$a^n(L) = 1 - a_1L - a_2L^2 - \dots - a_nL^n.$$

Wie sich unten zeigen wird, legen die für die Bundesrepublik vorliegenden Daten nahe, n auf den Wert 2 zu beschränken. (11.2) konkretisiert sich dann zu

$$(11.3) \qquad (1 - a_1L - a_2L^2)U_t = \mathbf{b}\mathbf{X}_t.$$

Der Vektor **X** umfasst sowohl *Angebotsschocks* als auch *Veränderungen der aggregierten Nachfrage*. Insgesamt werden *vier Variablen* betrachtet:

Wichtig für das Angebotsverhalten ist in erster Linie die Entwicklung der Kostenfaktoren *Löhne, Rohstoffe und Energie.*

1. Die *Entwicklung der Lohnkosten* ist natürlich zum volkswirtschaftlichen Produktivitätsfortschritt in Beziehung zu setzen. Berücksichtigt wird somit die Differenz zwischen der Änderungsrate der effektiven Reallöhne r^E und dem Produktivitätsfortschritt x. Produktivität bezeichnet die Relation zwischen Output und Beschäftigtenstunden im privaten Sektor. Der Regressor r^E-x ist somit die Änderungsrate der Lohnstückkosten.

2. Die Frage der adäquaten Erfassung der *Entwicklung von Rohstoff- und Energiekosten* könnte natürlich spielend im Rahmen einer eigenständigen Monographie behandelt werden. Da hier die Spezifikation der Schätzgleichung möglichst einfach gehalten werden soll, wollen wir uns darauf beschränken, die quantitativ wirklich bedeutenden Veränderungen der letzten drei Jahrzehnte zu erfassen. Als dominierend anzusehen ist hier zweifellos die Entwicklung des Rohölpreises - insbesondere wegen der explosiven Steigerungen in den Jahren 1973/74 und 1979/80 -, sowohl wegen der Funktion des Rohöls als Rohstoff als auch wegen seiner nach wie vor grossen Bedeutung als Energieträger. Somit verwenden wir als Regressor die kaufkraftbereinigte Steigerungsrate des Erdölpreises $p^{öl}$.[3]

---

[3] Die kaufkraftbereinigte Steigerungsrate des Erdölpreises ist definiert als nominale Wachstumsrate des Erdölpreises, zuzüglich Abwertungsrate der DM gegenüber dem US-Dollar, abzüglich der deutschen Inflationsrate.

Neben diesen angebotsbestimmenden Grössen werden *zwei Indikatoren für staatliches Nachfragemanagement* verwendet.

3. Die *Wachstumsrate der Geldmenge m.* Da die Geldmenge hier als Politikvariable betrachtet wird, wird sie in der engen Definition M1 verwendet.

4. Die *Wachstumsrate der realen Staatsausgaben g respektive des realen Staatskonsums* c^s.

Sowohl m als auch g bzw. c^s werden in einem ersten Schritt in Rohform verwendet. Später wird das Geldmengenwachstum dann in eine erwartete und eine unerwartete Komponente aufgespaltet. Dies lässt eine Überprüfung der Hypothese der Neuen Klassischen Makroökonomie zu, dass nur *Innovationen* der Geldpolitik realwirtschaftliche Konsequenzen haben, nicht jedoch deren *antizipierter* Teil.

Tabelle 11.1 gibt einen Überblick über die ermittelten Schätzresultate. Vorweggenommen sei, dass in keiner Schätzung ein statistisch auch nur andeutungsweise haltbarer Einfluss der Veränderung der realen Staatsausgaben g oder des realen Staatskonsums c^s auf die Entwicklung der Arbeitslosenquote festgestellt werden konnte. Gezeigt werden deshalb nur Ergebnisse unter ausschliesslicher Verwendung des Politikparameters Geldmengenwachstumsrate. Diese Ergebnisse erwiesen sich als recht robust gegenüber Veränderungen der Spezifikation der Schätzgleichung. Eine Erhöhung des Geldmengenwachstums um 10 Prozentpunkte führt nach unseren Schätzungen über einen Zeitraum von 2 Jahren verteilt zu einer kurzfristigen Reduktion der Arbeitslosenquote um etwa 1,5 Prozentpunkte. Der grössere Teil der Wirkung liegt dabei regelmässig auf dem laufenden Jahr.

Interessant ist, dass dieses Resultat zwei Grundpfeilern der Neuen Klassischen Makroökonomie widerspricht:

(1) Der *Hypothese Rationaler Erwartungen:* Nach dieser Hypothese können nur unerwartete konjunkturpolitische Eingriffe auf die realen Grössen einer Volkswirtschaft wirken. In Gleichung 4 ergibt aber beispielsweise ein F-Test der Nullhypothese, dass sowohl der Koeffizient von m_t als auch der Koeffizient von m_{t-1} Null ist $F(2,25) = 16.63$ bei einer Signifikanzschwelle (1 Prozent) von 5.57. Die Nullhypothese ist somit eindeutig zu verwerfen. Dieses Antreffen eines statistisch gesicherten Einflusses der nominalen Zuwachsraten von M1 auf die Arbeitslosenquote wäre mit der HRE allenfalls dann zu vereinbaren, wenn man zeigen könnte, dass es weder eine strukturelle noch eine zeitreihenanalytische Erklärung von m gibt. Nur dann könnte man m selbst als nicht antizipierte Grösse betrachten und die ermittelte Wirkung rechtfertigen. Zu dieser Frage werden wir weiter unten zurückkehren.

(2) Dem *Konzept der natürlichen Arbeitslosenquote:* Nach dieser Hypothese gibt es einen natürlichen Wert der Arbeitslosenquote, der zumindest nicht durch aktivisti-

TABELLE 11.1: ERKLÄRUNGSGLEICHUNGEN FÜR DIE ARBEITSLOSENQUOTE

OLS- und GLS-Schätzungen für den Zeitraum 1952-1983; endogene Variable: U_t

	Erklärungsvariablen								Testgrössen		
Gleichung	Konstante	U_{t-1}	U_{t-2}	$p^{öl}_{t-1}$	$(r^E-x)_{t-1}$	m_t	m_{t-1}	ρ	$\overline{R}^2$	SER	h
(1)	0.31 (1.43)	1.56 (10.06)	-0.64 (4.46)	----	----	----	----	----	0.92	0.76	0.62
(2)	0.24 (1.37)	1.43 (10.28)	-0.49 (3.84)	0.018 (3.54)	0.08 (1.77)	----	----	----	0.95	0.62	0.39
(3)	1.43 (5.14)	1.39 (12.59)	-0.39 (3.82)	0.014 (3.66)	0.11 (2.87)	-0.09 (3.32)	-0.06 (2.00)	----	0.97	0.45	-0.84
(4)	1.30 (4.59)	1.44 (12.79)	-0.45 (4.20)	0.015 (4.02)	0.11 (3.01)	-0.09 (3.12)	-0.068 (1.76)	-0.36 (1.52)	0.97	0.44	0.51

Bemerkungen: Gleichung 4 ist eine GLS-Schätzung mit einem MA(1)-Störterm. ρ ist der MA(1)-Parameter des Prozesses, dem die Störvariable folgt. h ist der Durbin-h-Test auf Autokorrelation 1. Ordnung der Residuen in Schätzgleichungen mit verzögerter endogener Variable. Ansonsten gelten die Anmerkungen zu Tabelle 7.1.

sche Konjukturpolitik verändert werden kann. Die geschätzten Koeffizienten der zeitlich verteilten Wirkungen von m müssten demnach in der Summe null sein. Dies ist hier nicht der Fall.[4]

Beide Kostenfaktoren, die kaufkraftbereinigte Steigerungsrate des Rohölpreises und die um den Produktivitätszuwachs bereinigte Reallohnzuwachsrate, also die Änderungsrate der Lohnstückkosten, führen bei einer Steigerung zu einer Zunahme der Arbeitslosigkeit. Dabei sind die quantitativen Auswirkungen jedoch recht unterschiedlich. Nach (5) drückt eine Verdoppelung des Rohölpreises die Arbeitslosenquote zunächst um 1.4 Prozentpunkte nach oben. Ein Anstieg der Lohnstückkosten um nur 10 Prozent erhöht jedoch die Arbeitslosenquote bereits um 0.84 Prozentpunkte.

Interessant an den ermittelten autoregressiven Strukturen von U ist, dass sie, stochastisch betrachtet, nur knapp stationär, oder, als deterministische Differenzengleichung interpretiert, bei einer dominierenden charakteristischen Wurzel von 0.928 (Gleichung 5) nur knapp stabil sind. Dies hat zur Folge, dass auch einmalige Schocks eine langanhaltende Wirkung auf die Arbeitslosenquote ausüben.

Es ist allerdings zu bedenken, dass die angedeuteten quantitativen Interpretationen der Schätzergebnisse nur vorläufig in dem Sinne sind, dass sie auf einer isolierten Betrachtung der Schätzgleichung für die Arbeitslosenquote basieren. Eine genauere Analyse der dynamischen Abläufe ist erst nach einer Verknüpfung dieser Gleichung mit den übrigen Modellgleichungen durchführbar. Nach einer solchen Verknüpfung wird sich zusätzlich stabilisierend auswirken, dass ein Anstieg der Arbeitslosenquote das Reallohnwachstum über den Kollektivverhandlungsprozess dämpft, woraus sich partiell wiederum eine Senkung der Arbeitslosenquote ergibt. Diese Erweiterung soll im nächsten Kapitel vorgenommen werden.

11.2. ENDOGENISIERUNG DER GELDPOLITIK

Bevor wir nun im nächsten Kapitel einen Schritt zurücktreten und die Interaktion des gesamten Modells diskutiert werden soll, wird hier unter dem Stichwort "Endogenisierung der Geldpolitik" ein weiterer Modellbaustein entwickelt. Ausgangspunkt ist die oben genannte Hypothese der Neuen Klassischen Makroökonomie, dass realwirtschaftliche Konsequenzen nur auf unerwartete Änderungen der Geldmenge folgen. Diese Sicht impliziert ja, dass Feedback-Regeln früher oder später erkannt werden und die Geldpolitik ihrer Wirkungen berauben, indem sie die Geldmengenentwicklung endogenisieren.

Ein von Barro (1977) initiiertes und in der Folge von ihm und anderen Autoren

---

[4] Für weiter verzögerte Änderungsraten der Geldmenge erhält man durchwegs Schätzkoeffizienten von Null.

vielfach verwendetes Verfahren besteht nun im Grunde darin, die angesprochene Feedback-Regel, die Reaktionsfunktion der Geldpolitik, zu erkennen und nachher für die Aufspaltung der Geldmengenzuwachsraten in eine systematische, erwartete, und eine unerwartete Komponente zu verwenden.[5] Der vorliegende Abschnitt sucht nach der das Verhalten der Bundesbank im Zeitraum 1952-1983 beschreibenden Reaktionsfunktion.[6]

Die wichtigsten empirischen Ergebnisse zu dieser Frage sind in Tabelle 11.2 wiedergegeben. Gleichung 1 setzt einen Referenzpunkt, an dem sich die anderen Spezifikationen messen lassen. Ein AR(2)-Modell für die jährlichen Zuwachsraten von M1 erreicht ein Erklärungsniveau von nur (oder immerhin) 14 Prozent. Dass es sich bei dieser signifikanten Autokorrelation nicht nur um ein statistisches Artefakt handelt, das auf die Durchschnittsbildung zurückgeführt werden kann [Working (1960)], zeigt sich, wenn man anstelle der Wachstumsrate der Jahres*durchschnitte* von M1 die Wachstumsrate der Jahres*endwerte* m' verwendet. In diesem Fall ergibt sich

$$m'_t = \underset{(3.93)}{6.89} + \underset{(2.56)}{0.47}\, m'_{t-1} - \underset{(1.43)}{0.25}\, m'_{t-2}.$$

$$1952\text{-}1983;\ \bar{R}^2 = 0.13;\ SER = 3.21;\ h = 1.24.$$

Das Erklärungsniveau der Reaktionsgleichung der Geldpolitik erhöht sich dann von 14 auf 35 Prozent, wenn man als weitere Erklärungsgrössen die Arbeitslosenquote und die Reallohnzuwachsrate, jeweils um ein Jahr verzögert, berücksichtigt (Gleichung 2). Erhöht sich die Arbeitslosenquote um einen Prozentpunkt, erhöht sich kurzfristig die Zuwachsrate der Geldmenge um 0.56 Prozentpunkte. Jedes zusätzliche Reallohnprozent wird durch einen Geldmengenzuwachs von 0.73 Prozent akkommodiert. Der Durbin-h-Test erlaubt es in Gleichung 2 allerdings nicht, die Hypothese einer Autokorrelation 1. Ordnung der Residuen mit ausreichender Sicherheit zu verwerfen.

Dieses Problem verschwindet allerdings, wenn in Gleichung 3 an Stelle der linearen die reziproke Arbeitslosenquote verwendet wird. Ausserdem steigt das Erklärungsniveau bei Wahl dieser Spezifikation auf 42 Prozent an.

Die nichtlineare Formulierung impliziert hier, dass die Reaktion der Geldpolitik auf steigende Arbeitslosigkeit bei höheren Arbeitslosigkeitsniveaus immer schwächer

---

[5] Methodisch im wesentlichen unveränderte Nachfolgestudien des Urhebers selbst sind etwa Barro (1978) und Barro und Rush (1986). Anwendungen für die Bundesrepublik enthalten die Arbeiten von Demery, Duck und Musgrave (1984) und Hansen (1986). Einen methodisch weiterentwickelten Ansatz präsentiert Mishkin (1983).

[6] Die systematische Komponente im Einsatz verschiedener Bundesbankinstrumente untersuchen z.B. Neumann (1984) und, aus explizit politisch-ökonomischer Sicht, Frey und Schneider (1981).

TABELLE 11.2: REAKTIONSFUNKTIONEN DER GELDPOLITIK

OLS- und IV-Schätzungen für den Zeitraum 1952-1983; endogene Variable: m_t

		Erklärungsvariablen								Testgrössen			
Gleichung	Konstante	m_{t-1}	m_{t-2}	$f(U_{t-1})$	$f(U_{t-2})$	r^E_{t-1}	c^s_t	e_t	$p^{öl}_t$	$\overline{R}^2$	SER	h	Bemerkungen
(1)	6.24 (3.46)	0.49 (2.67)	-0.20 (1.07)	----	----	----	----	----	----	0.14	3.19	n.v.	----
(2)	4.83 (2.98)	0.28 (1.66)	-0.41 (2.34)	0.56 (2.76)	----	0.73 (2.99)	----	----	----	0.35	2.77	1.49	f(U) = U OLS
(3)	8.60 (5.03)	0.26 (1.65)	-0.45 (2.66)	-4.16 (3.34)	----	1.00 (3.71)	----	----	----	0.42	2.63	0.77	f(U) = 1/U OLS
(4)	7.05 (4.30)	0.29 (2.00)	-0.42 (2.77)	-9.25 (4.26)	5.25 (2.73)	1.23 (4.81)	----	----	----	0.53	2.37	-0.39	f(U) = 1/U OLS
(5)	9.02 (5.25)	0.04 (0.27)	-0.35 (2.36)	-9.95 (5.18)	5.14 (2.89)	0.93 (3.74)	0.23 (1.74)	-0.14 (2.09)	-0.038 (1.57)	0.65	2.03	-1.67	f(U) = 1/U OLS
(6)	8.72 (6.91)	----	-0.28 (2.14)	-9.22 (5.01)	4.54 (2.64)	0.89 (3.73)	0.26 (3.26)	-0.17 (2.18)	-0.034 (2.27)	0.69	1.92	-1.57	f(U) = 1/U IV

Bemerkungen: In Gleichung 6 wird als Instrument für e_t der reale Wechselkurs Schweizerfranken/US-Dollar verwendet, als Instrument für $p^{öl}$ die Wachstumsrate des Rohölpreises in US-Dollar. In Gleichung 1 ist der Durbin-h-Test nicht anwendbar. In Gleichung 5 ist die Nullhypothese nicht autokorrelierter Residuen knapp zu verwerfen, in Gleichung 6 knapp nicht zu verwerfen. Der von Durbin vorgeschlagene alternative Test [siehe Pindyck und Rubinfeld (1981), S. 195] deutet in Gleichung 1 auf autokorrelierte Residuen hin, in den Gleichungen 5 und 6 dagegen eindeutig nicht. Im übrigen gelten die Anmerkungen zu Tabelle 7.1.

wird. So ist die Reaktion auf eine Erhöhung der Arbeitslosenquote um einen Prozentpunkt bei einem Niveau von etwa 10 Prozent nur etwa ein Zehntel so stark wie zu den Zeiten der Vollbeschäftigung in den 60er Jahren mit Arbeitslosenquoten von deutlich unter einem Prozent.

Eine weitere, deutliche Verbesserung des Erklärungsniveaus wird erreicht, wenn man zusätzlich den um zwei Jahre verzögerten Wert der reziproken Arbeitslosenquote berücksichtigt (Gleichung 4). Das Erklärungsniveau liegt jetzt bei über 50 Prozent und der Durbin-h-Test verläuft völlig zufriedenstellend. Für die Interpretation des negativen Schätzkoeffizienten von $1/U_{t-1}$ und des positiven Koeffizienten von $1/U_{t-2}$ ist eine Umformulierung dieser beiden Terme zu $-4.00(1/U_{t-1})-5.25(1/U_{t-1}-1/U_{t-2})$ hilfreich (die zugehörigen absoluten t-Werte sind 3.58 und 2.73). Das Schätzergebnis lässt sich dann so verstehen, dass die Geldpolitik nicht nur entschieden und auf Dauer ein bestimmtes Niveau der Arbeitslosenquote bekämpft, sondern sich auch einer ansteigenden Arbeitslosenquote widersetzt. Ein vorgegebenes Ausmass an Arbeitslosigkeit wird demnach dann stärker bekämpft, wenn es Folge eines kürzlichen Anstiegs ist, als wenn es sich seit längerer Zeit etabliert hat.

11.3. ANTIZIPIERTE VERSUS NICHT ANTIZIPIERTE GELDPOLITIK

Gleichung 4 besitzt ein Erklärungsniveau von 53 Prozent und bildet den harten Kern des geldpolitischen Bundesbankverhaltens ab, der sich angesichts diverser Modifikationen des Schätzansatzes als ausserordentlich robust erwies. Zu betonen ist, dass das Geldmengenwachstum nur aus vorherbestimmten Variablen erklärt wird. Gleichung 5 ergänzt nun diesen harten Kern um drei weitere Erklärungsgrössen:

1. Die *Wachstumsrate des realen Staatskonsums*, c^s_t. Gefragt wird hier, ob die Bundesbank Bonner Ausgabenentscheidungen bis zu einem gewissen Grad akkommodiert. Dahinter könnte das Motiv stehen, Zinssteigerungen vorzubeugen oder diese zu bekämpfen.

2. Der *reale Wechselkurs* DM/$, e_t. Dieser Zusammenhang dürfte vor allem bei flottierenden Wechselkursen eine Rolle spielen. Fast alle Untersuchungen des Interventionsverhaltens von Notenbanken stimmen im Ergebnis darin überein, dass Devisenmarktinterventionen Elemente des "Leaning Against The Wind" enthalten, dass sie sich also eher gegen laufende Wechselkursänderungen lehnen, denn ein Wechselkursziel ansteuern.[7]

---

[7] Einschlägige Studien sind etwa für die Bundesrepublik Neumann (1984), für England Argy (1982), für Japan Quirk (1977), für Kanada Longworth (1980) und für die Schweiz Gärtner (1987). All diese Länder werden als Gruppe untersucht in Dornbusch (1980) und einzeln in Honegger (1988).

3. Die *Zuwachsrate des relativen Ölpreises* $p_t^{öl}$. Hier wird exemplarisch, anhand der quantitativ bedeutendsten einschlägigen Grösse, nach der Reaktion der Bundesbank auf Angebotsschocks gefragt. Für den Reaktionskoeffizienten wären grundsätzlich beide Vorzeichen denkbar: Akkomodierung, um die Konsequenzen im Produktionsbereich zu dämpfen und eine beschleunigte Reallohnanpassung zu erzwingen; Gegensteuerung, um zumindest kurzfristig das Preisniveau unter Kontrolle zu halten. Die Resultate liefern gewisse Evidenz für Letzteres.

Problematisch ist, dass e_t und $p_t^{öl}$ nicht mehr als exogene oder vorherbestimmte Grössen betrachtet werden können, da zur Berechnung beider die laufende Inflationsrate und Wechselkursabwertung benötigt werden. Insbesondere die Wechselkursreaktion ist endogen und könnte die Ergebnisse von Gleichung 4 verzerrt haben.

Zur Abschwächung dieses Problems werden in Gleichung 6 als Instrument für e_t die reale Wechselkursänderung Schweizerfranken/$ und als Instrument für $p^{öl}$ die Inflationsrate des Rohölpreises in $ verwendet. Beide Grössen weisen hohe Korrelationen mit den theoretisch korrekten Variablen auf, die sie vertreten, können aber aufgrund theoretischer Überlegungen dennoch als vorherbestimmt betrachtet werden.[8] Die so spezifizierte Schätzgleichung erklärt nun doch schon annähernd 70 Prozent der Varianz der Geldmengenwachstumsrate. Gegenüber (4) ergibt sich nun zusätzliche Evidenz dafür, dass staatlicher Konsum zum Teil akkommodiert wird, dass "Leaning against the Wind" auf dem Devisenmarkt betrieben wird, und dass die Bundesbank bei Ölpreisschüben in erster Linie dem Preisauftrieb vorzubeugen versucht.

Auf der Basis von Gleichung 6 lässt sich nun die ausgewiesene Zuwachsrate der Geldmenge m in eine erwartete und eine unerwartete Komponente (m^e und m^u) aufspalten. Hierbei ist allerdings zu berücksichtigen, dass c_t^s, e_t und $p_t^{öl}$ zum Zeitpunkt t-1 der Erwartungsbildung *nicht bekannt* sind. Dies gilt insbesondere für den Wechselkurs, der ja empirisch (wenn auch manchmal nur näherungsweise) ein Random Walk ist. Bei der Berechnung der erwarteten Geldmengenänderung wird deshalb $e_t = 0$ gesetzt. Bezüglich c_t^s kann man ähnlich wie Barro (1977) unterstellen, dass die tatsächlichen Änderungsraten über den lange vorlaufenden Budgetierungsprozess bekannt sind. Die Variable $p_t^{öl}$ ist wohl ein Mischfall, gebildet aus der Interaktion zwischen OPEC-Beschlüssen und Markt. Im folgenden wird unterstellt, $p_t^{öl}$ sei bekannt, doch ergeben sich nur unwesentlich andere Ergebnisse, wenn man das Gegenteil unterstellt. Abb. 11.1 gibt nun einen visuellen Eindruck von dieser Aufteilung in m^e und m^u und damit auch vom Fit der Schätzgleichung.

---

[8] Der Korrelationskoeffizient zwischen dem realen Schweizerfranken/$-Kurs und dem realen DM/$-Kurs beträgt 0.95, derjenige zwischen der kaufkraftbereinigten Ölpreissteigerungsrate und der nominalen Ölpreissteigerungsrate 0.96. Zu den theoretischen Argumenten, weshalb der Franken/$-Kurs ein brauchbares Instrument für den DM/$-Kurs ist, siehe Gärtner (1987).

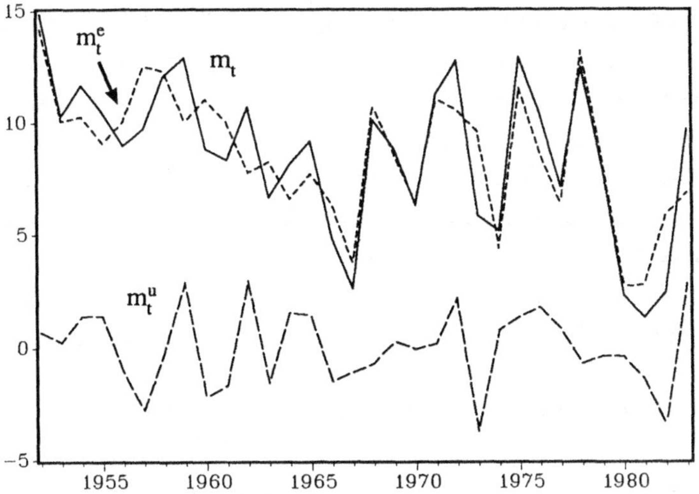

Abb. 11.1: Die Aufspaltung der jährlichen Zuwachsrate von M1 (m) in eine erwartete (m^e) und eine unerwartete Komponente (m^u).

Die Stärken der verwendeten Erklärungshypothese für die deutsche Geldpolitik liegen eindeutig im Zeitraum 1964 bis etwa 1980. Vor 1964 wird zwar der zu beobachtende Trend in den Geldmengenzuwachsraten erklärt, den kurzfristigen Ausschlägen wird dagegen kaum Rechnung getragen. Nach 1980 liegen beobachteter und erklärter Wert durchwegs um 3 Prozentpunkte und mehr auseinander.

Gegen das hier verwendete Vorgehen, die Reaktionsfunktion mittels Daten für den gesamten Betrachtungszeitraum zu schätzen und dann die Residuen als Erwartungsfehler zu interpretieren, kann man berechtigte Kritik vorbringen. In unserem Beispiel wird ja damit impliziert, dass die Akteure bereits in den 50er oder 60er Jahren Kenntnis einer Funktion hatten, die wir soeben erst aufgrund später angefallener Daten ermitteln konnten. Korrekter wäre es selbstverständlich, die Reaktionsfunktion jeweils nur mit zum Zeitpunkt der Erwartungsbildung zur Verfügung stehenden Daten zu schätzen und jährlich zu aktualisieren. So wäre jeder Erwartungsfehler im Zeitpunkt t mittels bis zum Zeitpunkt t-1 aufgelaufenen Daten aus einer neuen Reaktionsfunktion zu ermitteln.

Obwohl der wiedergegebene Einwand formal korrekt ist, ist das hier verwendete Verfahren seit Barro (1977) üblich und in der einschlägigen Literatur weitgehend akzeptiert. Die Gründe hierfür sind pragmatischer Natur. In unserem Anwendungsfall würde ein gleitender Schätzzeitraum mit einer hinreichenden Zahl von Beobachtungen eine für Schätzzwecke unzureichende Zahl von Erwartungsfehlern liefern. Wichtig ist aber auch die Erkenntnis, dass zwischen beiden Vorgehensweisen dann ein für praktische Zwecke geringer Unterschied besteht, wenn die Reaktionsfunktion im

Zeitablauf hinreichend stabil ist. Ein Chow-Test auf Strukturbruch in der Mitte unseres 32-jährigen Beobachtungszeitraums ergibt F(6,20) = 0.735. Wir können somit die Hypothese eines Strukturbruchs mit einer Irrtumswahrscheinlichkeit von unter einem Prozent verwerfen und Gleichung 4 als ein mögliches Abbild der Erwartungsbildung im Schätzzeitraum verwenden.

Aus der Definitionsgleichung $m = m^e + m^u$ ist ersichtlich, dass in Tabelle 11.1 erwartete und unerwartete Änderungen der Geldmenge in einen Topf geworfen wurden. Auf der Grundlage von Gleichung 4 in Tabelle 11.2 wird die Varianz von m zu etwa gleichen Teilen durch m^e und m^u "erklärt". Spaltet man nun m_t und m_{t-1} in ihre Komponenten auf, so erhält man folgende OLS-Schätzung:

$$(11.4) \quad U_t = \underset{(3.83)}{0.93} + \underset{(16.13)}{1.45}\, U_{t-1} - \underset{(6.02)}{0.50}\, U_{t-2} + \underset{(6.05)}{0.018}\, p^{öl}_{t-1}$$

$$+ \underset{(2.97)}{0.10}\,(r^E - x_{t-1}) - \underset{(3.63)}{0.10}\, m^e_t - \underset{(3.40)}{0.14} m^u_t - \underset{(3.48)}{0.15} m^u_{t-1} .$$

$$1953\text{-}1983; \quad \bar{R}^2 = 0.98; \text{ SER } = 0.37; \text{ h } = 0.16; \text{ GLS MA(1)}.$$

Da die Reaktionsfunktion für den Zeitraum 1952-1983 geschätzt wurde, kann mit den daraus berechneten und um ein Jahr verzögerten Komponenten von m erst ab 1953 geschätzt werden. Nach (11.4) wird die Entwicklung der Arbeitslosenquote sowohl durch erwartete als auch durch unerwartete Veränderungen der Geldmenge beeinflusst. Eine erwartete Änderung der Geldmenge wirkt allerdings sehr schnell, noch im gleichen Jahr. Eine verzögerte Wirkung ist hier nicht feststellbar. m^e_{t-1} wurde deshalb in 11.4 nicht berücksichtigt. Eine unerwartete Geldmengenbewegung bewirkt dagegen sowohl eine unverzögerte als auch eine verzögerte Reaktion, deren Schwerpunkt erst nach einem Jahr zu beobachten ist. Diese Unterschiede in der Wirkungsverzögerung machen durchaus Sinn. Unplausibel wäre der umgekehrte Fall, wenn also eine unerwartete Geldmengenänderung sich schneller auf die Arbeitslosenquote auswirken würde als eine erwartete. Sämtliche ermittelte Schätzkoeffizienten sind wieder negativ, so dass auch aus diesem sophistizierteren Ansatz zu schliessen ist, dass Geldpolitik - ob antizipiert oder nicht - im Schätzzeitraum realwirtschaftliche Konsequenzen hatte. Angesichts dieser Resultate widerspricht (11.4) damit sowohl der HRE als auch dem Konzept der natürlichen Arbeitslosenquote.
Der verbleibende Teil von Gleichung 2 in Tabelle 11.1 wird im übrigen durch die vorgenommene Aufspaltung der Geldmengenzuwachsraten kaum berührt. Als einzige nennenswerte Veränderung ergibt sich eine bessere Absicherung des Einflusses der Reallohnentwicklung auf die Arbeitslosenquote.

11.4. EIN UMWEG ÜBER DAS OKUNSCHE GESETZ

Zum Zwecke der Endogenisierung der Arbeitslosenquote können wir uns auch des als Okunsches Gesetz bekannten Zusammenhangs zwischen Wirtschaftswachstum und Arbeitslosigkeit bedienen. Dieses "Gesetz" liegt in einer Reihe von Varianten vor. In seiner wohl verbreitetsten Form postuliert es eine einfache numerische Beziehung zwischen der Wachstumsrate des Volkseinkommens und der Veränderung der Arbeitslosenquote. Für die USA kommen empirische Untersuchungen beispielsweise zum Schluss, dass jedes Prozent Wirtschaftswachstum über dem langjährigen Trend zu einer Reduktion der Arbeitslosenquote um 0.4 Prozentpunkte führt. Für die Bundesrepublik ergibt sich folgende Schätzgleichung:

$$(11.5) \qquad U_t = \underset{(5.51)}{1.02} + \underset{(26.37)}{0.98}\, U_{t-1} - \underset{(7.79)}{0.209}\, y_t .$$

$$1952\text{-}1983; \quad \bar{R}^2 = 0.96; \ SER = 0.56; \ D.W. = 1.60.$$

Hieraus ergibt sich nach kleinen Rundungen

$$(11.6) \qquad U_t - U_{t-1} = 0.2(5 - y_t).$$

Demnach ist die Arbeitslosenquote im betrachteten Zeitraum bei einem jährlichen Wirtschaftswachstum von 5 Prozent konstant. Für jedes zusätzliche Wachstumsprozent sinkt die Arbeitslosenquote im Jahr um 0.2 Prozentpunkte; entsprechend steigt die Arbeitslosenquote bei unter 5 Prozent liegenden Wachstumsraten.

Nun löst allerdings der aufgezeigte empirische Zusammenhang die Frage der Endogenisierung der Arbeitslosenquote noch nicht, denn das Wirtschaftswachstum kann man weder als modellexogenen Schock noch als Instrument der Wirtschaftspolitik betrachten. Wir brauchen also nun eine strukturelle Erklärung des Wirtschaftswachstums. Es liegt nahe, diese Erklärung analog zur obigen strukturellen Erklärung der Arbeitslosenquote in Gleichung 11.4 zu versuchen. Dabei ist zu beachten, dass das AR(2)-Teilmodell für die Arbeitslosenquote in (11.4) näherungsweise als

$$(11.7) \qquad U_t - U_{t-1} = a(U_{t-1} - U_{t-2})$$

geschrieben werden kann. Zusammen mit (11.6) legt dies nahe, in der Wachstumsgleichung nur einen AR(1)-Term und die exogenen Variablen aus (11.4) zu verwenden.[9] Als Wachstumsgleichung erhält man auf dieser Basis

$$(11.8) \quad y_t = \underset{(0.21)}{-0.36} + \underset{(1.36)}{0.19}\, y_{t-1} - \underset{(2.93)}{0.06}\, p^{öl}_{t-1}$$

$$\underset{(2.17)}{-0.44}\, (r^E - x)_{t-1} + \underset{(2.50)}{0.47}\, m^e_t + \underset{(1.36)}{0.39}\, m^u_t + \underset{(2.05)}{0.63} m^u_{t-1}.$$

1953-1983; $\overline{R}^2 = 0.52$; SER = 2.68; D.W. = 2.33.

Das Schätzergebnis deckt sich weitgehend mit Schätzgleichung 11.4: Unter Berücksichtigung von (11.5) haben alle Variablen letztlich die gleiche Wirkungsrichtung und die Koeffizienten haben etwa den fünffachen Wert, wie man dies angesichts des für Deutschland ermittelten Okunschen Gesetzes erwarten konnte. Lediglich die Wirkung der Geldpolitik erscheint hier weniger ausgeprägt und statistisch weniger gesichert.

Da auch der Einfluss des Wachstums der Reallöhne und des Ölpreises eher schwächer abgesichert ist und der Fit der Gleichung mit 52 Prozent im Vergleich zu 98 Prozent in (11.4) eher bescheiden ist, scheint der Umweg über das Okunsche Gesetz das Anbinden unseres Modells an Angebots- und Politikvariable eher zu verwässern. Deshalb und aus dem Streben nach einem möglichst einfachen Modell wird in der weiteren Diskussion und Analyse Gleichung 11.4 verwendet.

---

[9] Einsetzen von (11.6) in (11.7) ergibt ja

$$y_t = a y_{t-1} + (1-a)\, 5,$$

wobei nach dem in Gleichung 11.4 präsentierten Ergebnis $a \approx 1/3$.

Kapitel 12

Analyse des Gesamtmodells

Die in den Kapiteln 9, 10 und 11 geschätzten strukturellen Beziehungen lassen sich nun zu einem kleinen *ökonometrischen Modell* für die westdeutsche Wirtschaft in der Zeit zwischen 1952 und 1983 zusammenfassen.[1] Hierbei bieten sich *zwei* mögliche *Varianten* des Modells an, je nachdem, ob man die Erklärungsgleichung der Geldmengenentwicklung für befriedigend hält und zur Aufspaltung der Geldmengenzuwachsraten in eine erwartete und eine unerwartete Komponente verwenden will oder nicht.

Die endogenen Variablen der aus fünf Strukturgleichungen und einer Definitionsgleichung bestehenden vollständigen Variante des Modells (siehe Tabelle 12.1) sind die Zuwachsrate der tariflichen Stundenlöhne, die Zuwachsrate der effektiven Stundenlöhne, die Gewerkschaftsmilitanz (oder alternativ die gesamtwirtschaftliche Streiktätigkeit), die Arbeitslosenquote und die Zuwachsrate der Geldmenge. Exogene Modellgrössen sind die Zuwachsrate der Arbeitsproduktivität, die Zuwachsrate des kaufkraftbereinigten Rohölpreises, der industrielle Wandel, die Regierungsideologie und die unerwartete Komponente der Geldmengenzuwachsrate. In der kleineren Modellvariante mit vier Gleichungen tritt die Geldmengenzuwachsrate direkt als Politikvariable

---

[1] Eine Übersicht über fast 200 zwischen 1959 und 1982 für die Bundesrepublik Deutschland vorgelegte ökonometrische Modelle gibt Uebe (1985) in einem Anhang, für den Uebe, Huber und Fischer verantwortlich zeichnen. Hiernach wurden die vom Volumen her extremsten Modelle im Jahre 1975 vorgelegt, in Form einer St.Louis-Gleichung von Läufer und einer Version des Bonner Modells von Frerichs-Kuebler mit ca. 1700 Gleichungen. Im gleichen Band [Gahlen und Sailer (1985)] diskutierten weitere Autoren diverse Probleme der ökonometrischen Modellierung der westdeutschen Wirtschaft.

TABELLE 12.1: ÖKONOMETRISCHES MODELL FÜR DIE BR DEUTSCHLAND (I)

$$(12.1)\quad \ln S_t = \underset{(2.83)}{1.27} + \underset{(4.98)}{0.50} r^E_{t-1} - \underset{(5.11)}{2.28} U_t^{-1} + \underset{(1.77)}{0.77} G_t + \underset{(1.58)}{0.27} \Delta I_t \qquad \bar{R}^2 = 0.48$$

$$(12.2)\quad r^T_t = \underset{(0.82)}{0.55} + \underset{(2.98)}{0.52} \ln S_t + \underset{(4.94)}{2.98} U_t^{-1} \qquad \bar{R}^2 = 0.45$$

$$(12.3)\quad r^E_t = 1.00 r^T_t + \underset{(4.63)}{3.30} (U_t^{-1} - U_{t-1}^{-1}) \qquad \bar{R}^2 = 0.88$$

$$(12.4)\quad U_t = \underset{(3.83)}{0.93} + \underset{(16.13)}{1.45} U_{t-1} - \underset{(6.02)}{0.50} U_{t-2} + \underset{(6.05)}{0.018} p^{öl}_{t-1}$$
$$+ \underset{(2.97)}{0.10} (r^E - x)_{t-1} - \underset{(3.63)}{0.10} m^e_t - \underset{(3.40)}{0.14} m^u_t - \underset{(3.48)}{0.15} m^u_{t-1} \qquad \bar{R}^2 = 0.98$$

$$(12.5)\quad m^e_t = \underset{(6.91)}{8.72} - \underset{(2.14)}{0.28} m_{t-2} - \underset{(5.01)}{9.22} U_{t-1}^{-1} + \underset{(2.64)}{4.54} U_{t-2}^{-1} + \underset{(3.73)}{0.89} r^E_{t-1}$$
$$+ \underset{(3.26)}{0.26} c^s_t - \underset{(2.27)}{0.03} p^{öl}_t \qquad \bar{R}^2 = 0.63$$

$$(12.6)\quad m_t \equiv m^e_t + m^u_t$$

Bemerkungen: (12.1) entspricht Militanzgleichung 5 in Tabelle 9.1, wurde aber hier für $\ln S_t$ geschätzt um eine aussagefähige und mit dem Rest des Modells koppelbare Masseinheit zu erhalten. (12.2) entstammt Tabelle 7.3 (12.3) ist im Prinzip die in Tabelle 10.1 entwickelte Erklärungsgleichung für die Lohndrift, wurde hier aber unter der Restriktion neu geschätzt, dass das Konstanzglied Null und der Koeffizient von r^T Eins ist. (12.4) ist Gleichung 11.4 und (12.5) entstammt Tabelle 11.2, wobei $e_t = 0$. Das Modell ist dann rekursiv, wenn man c^s_t und $p^{öl}_t$ in (12.5) als exogene Variable betrachtet. Da diese Annahme bezüglich $p^{öl}_t$ nicht plausibel erscheint, wurde hier ein Instrument verwendet.

Variablen:

S	=	durch Streiks und Aussperrungen verlorene Arbeitstage pro Erwerbstätigen
r^T	=	Wachstumsrate der tariflichen Bruttostundenverdienste (real)
r^E	=	Wachstumsrate der effektiven Bruttostundenverdienste (real)
U	=	Arbeitslosenquote
$p^{öl}$	=	Wachstumsrate des Rohölpreises (kaufkraftbereinigt)
x	=	Änderungsrate der Arbeitsproduktivität pro Beschäftigtenstunde
m	=	Wachstumsrate der Geldmenge
m^e	=	von (12.5) erklärtes Geldmengenwachstum
m^u	=	Schätzfehler aus (12.5)
c^s	=	Wachstumsrate des realen Staatskonsums
I	=	Anteil der Beschäftigung im Produzierenden Gewerbe an der Gesamtbeschäftigung
G	=	Dummyvariable für SPD-geführte Regierungen

TABELLE 12.2: ÖKONOMETRISCHES MODELL FÜR DIE BR DEUTSCHLAND (II)

(12.7)	$\ln S_t$	$= \underset{(2.83)}{1.27} + \underset{(4.98)}{0.50 r^E_{t-1}} - \underset{(5.11)}{2.28 U_t^{-1}} + \underset{(1.77)}{0.77 G_t} + \underset{(1.58)}{0.27 \Delta I_t}$	$\bar{R}^2 = 0.48$
(12.8)	r^T_t	$= \underset{(0.82)}{0.55} + \underset{(2.98)}{0.52 \ln S_t} + \underset{(4.94)}{2.98 U_t^{-1}}$	$\bar{R}^2 = 0.45$
(12.9)	r^E_t	$= 1.00 r^T_t + \underset{(4.63)}{3.30 (U_t^{-1} - U_{t-1}^{-1})}$	$\bar{R}^2 = 0.88$
(12.10)	U_t	$= \underset{(4.59)}{1.30} + \underset{(12.79)}{1.44 U_{t-1}} - \underset{(4.20)}{0.45 U_{t-2}} + \underset{(4.02)}{0.015 p^{öl}_{t-1}}$	
		$+ \underset{(3.01)}{0.11 (r-x)_{t-1}} - \underset{(3.12)}{0.09 m_t} - \underset{(1.76)}{0.07 m_{t-1}}$	$\bar{R}^2 = 0.97$

Bemerkungen: (12.10) stammt aus Tabelle 11.1. Ansonsten gelten die Bemerkungen zu Tabelle 12.1.

auf und wird nicht mehr endogen erklärt (siehe Tabelle 12.2).[2]

Im folgenden soll zunächst eine grafische Darstellung des Modells entwickelt werden. Anhand dieser Darstellung lassen sich die komparativ-statischen Eigenschaften des Modells diskutieren, aber auch die hervorstechenden Entwicklungen in der deutschen Wirtschaft während der Zeit ab 1968 in stilisierter Form nachvollziehen. Später soll das vermutlich recht komplizierte dynamische Verhalten des Modells anhand von Simulationen genauer untersucht werden.

12.1. ANALYSE

Die in den Kapiteln 7 und 9 geschätzten Zweigleichungsmodelle der Ursachen und Konsequenzen von Arbeitskonflikten (respektive von Gewerkschaftsmilitanz) bilden den Ausgang von zentral geführten Tarifverhandlungen zwischen Arbeitgebern und Gewerkschaften ab. Bei diesen Verhandlungen wird der volkswirtschaftliche Mengenindikator, die Arbeitslosenquote, als Datum betrachtet und letztlich die *Preisreaktion*, die Zuwachsrate der Reallöhne, ausgehandelt. Die in Kapitel 10 geschätzte Lohndrift-

[2] Die Variablen G und ΔI wurden in den Simulationsgleichungen berücksichtigt, obwohl ihre Koeffizienten dann statistisch nicht signifikant sind, wenn man lnS als einzigen und fehlerfreien Indikator für die Arbeitnehmermilitanz verwendet. Die Rechtfertigung für dieses Vorgehen ergibt sich aus dem robusten und signifikanten Einfluss dieser Variablen in den MIMIC-Schätzungen von Kapitel 9 und daraus, dass die Berücksichtigung von G und ΔI die Modellreaktionen auf *andere* exogene Störungen unverändert lässt.

Gleichung ergänzt dieses preisbestimmende Modellsegment im Sinne eines marktlichen Regulativs, als marktbestimmte Umsetzung ausgehandelter Tariflohnzuwachsraten in effektive Lohnsteigerungen.

Die in Kapitel 11 angebotene strukturelle Erklärung der Entwicklung der Arbeitslosenquote wiederum bildet die letztlich aus Unternehmensentscheiden resultierende volkswirtschaftliche *Mengenreaktion* ab, die auf der Basis vorgegebener Lohndaten abläuft.

Diese *konzeptionelle* Trennung des Modells in ein Segment der Preisbestimmung und ein Segment der Mengenbestimmung schliesst allerdings datenmässig simultane Entwicklungen nicht aus.

Im Sinne dieser partialen Betrachtung wird somit der volkswirtschaftlich relevante *Preis,* die Steigerungsrate der effektiven Reallöhne, *zweistufig über eine Mischung aus Politik* (gleich Tarifverhandlungen) *und Markt bestimmt.* Die anhand der Arbeitslosenquote gemessene *Mengenreaktion* dagegen ist *rein marktbestimmt.*

Zur Darstellung der *Preisreaktion* greifen wir auf die in Kapitel 3 entwickelte Analyse der Tarifverhandlungen zurück. Zur Erinnerung sei zunächst die bereits in Kapitel 6 verwendete graphische Darstellung des Zweigleichungsmodells der Ursachen und Konsequenzen kollektiver Arbeitsmarktmilitanz wiederholt.

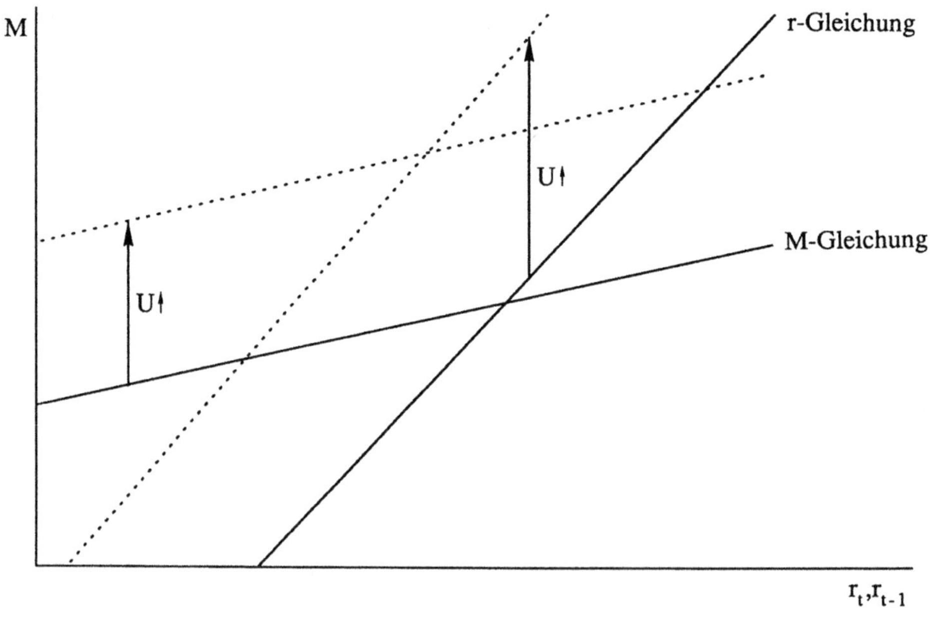

Abb. 12.1: Der kollektive Arbeitsmarkt

Die gezeigten Beziehungen zwischen den endogenen Variablen r (Reallohnwachstum) und M (Militanz) gelten jeweils für vorgegebene Arbeitslosenquoten. Nun lässt sich die Frage stellen, welche Reallohnzuwachsraten bei unterschiedlichen Werten der Arbeitslosenquote zu Kollektivverhandlungsgleichgewichten führen. Da sowohl die M- als auch die r-Kurve eine positive Steigung aufweisen - wobei die M-Kurve eindeutig die flachere von beiden ist - und ein Anstieg von U beide Kurven nach oben verschiebt, lässt sich das Vorzeichen von dr/dU nicht aus graphischen Manipulationen allein ableiten. Aus numerischen Berechnungen unter Verwendung der Schätzwerte ergibt sich jedoch dr/dU < 0. Der Locus volkswirtschaftlicher Tariflohngleichgewichte lässt sich somit durch eine der Phillips-Kurve ähnelnde Kurve mit negativer Steigung in der r/U-Ebene repräsentieren (PP in Abb. 12.2). Diese Kurve gibt die verschiedenen Wertepaare an, die zu einem Verhandlungsgleichgewicht im Tarifbereich führen. Konkret steigt die Militanz bei fallenden Reallohnzuwachsraten und steigender Arbeitslosigkeit an, wenn wir uns also *auf* der Kurve von links oben nach rechts unten bewegen.

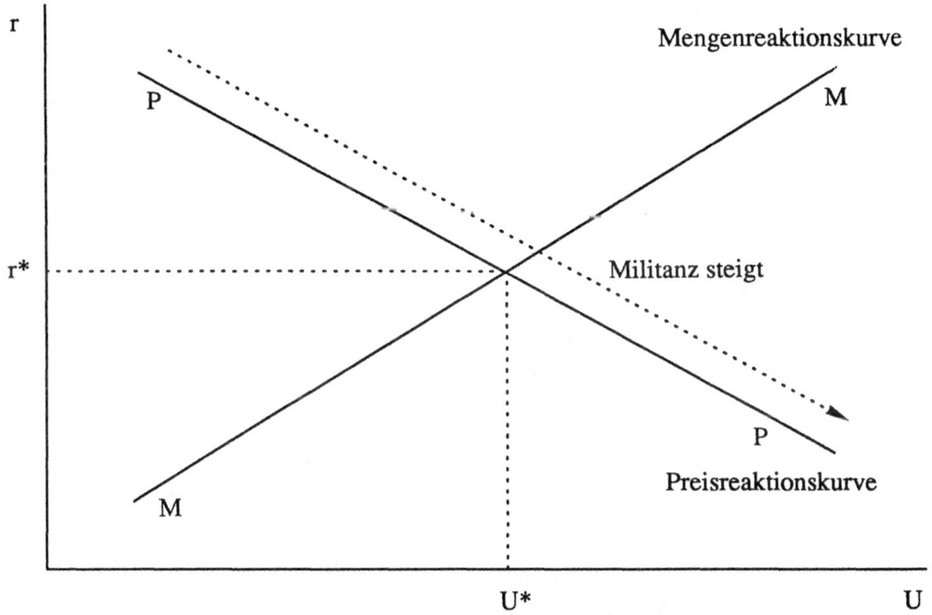

Abb. 12.2: Das Gesamtmodell

Die *Position* dieser Gleichgewichtskurve hängt von den politischen Machtverhältnissen und vom industriellen Wandel ab, also von G und ΔI. Beobachten wir einen Regierungswechsel von rechts nach links, steigt also der Wert von G von 0 auf 1, verschiebt sich der Gleichgewichtslocus nach rechts oben. Betont sei nochmals, dass diese Verschiebung *nach* erfolgtem Regierungswechsel bestehen bleibt. Eine durch ΔI verursachte Kurvenverschiebung wird dagegen nach abgeschlossenem industriellen Wandel wieder revidiert.

Der Gleichgewichtslocus der marktlichen *Mengenreaktionen* lässt sich ebenfalls in der r/U-Ebene darstellen (MM in Abb. 12.2). Dabei ist zu beachten, dass die aus dem vollständigen Modell resultierende Kurve steiler ist, als die aus dem kleineren Modell folgende. Dies wird einsichtig, wenn man bedenkt, dass im vollständigen Modell eine Reallohnsteigerung über zwei Kanäle zu Mengenkonsequenzen führt: über einen direkten und einen indirekten. Der direkte Kanal beschreibt die Reaktion der Unternehmen. Die Wirkungsrichtung ist deshalb positiv, d.h. wenn die Grenzkosten des Faktors Arbeit steigen, sinkt die Arbeitsnachfrage und die Arbeitslosigkeit steigt. Bei endogener und wirksamer Geldpolitik wird diese Wirkung jedoch über den indirekten Kanal abgemildert. Wegen der beobachteten Reallohnsteigerungen erhöht die Bundesbank die Expansionsrate der Geldmenge und dies reduziert ceteris paribus wieder die Arbeitslosigkeit. Somit ist der Nettoeffekt einer Erhöhung der Reallohnzuwachsrate im vollständigen Modell kleiner, die Kurve somit steiler. Bei einer *wirksamen* Überreaktion der Bundesbank könnte die Steigerung der Mengenreaktionskurve sogar positiv werden.

Die *Position* der Gleichgewichtskurve für die Mengenreaktionen wird durch die Entwicklung der Arbeitsproduktivität, die Entwicklung der Rohölpreise und die Wachstumsrate der Geldmenge bestimmt. Dass die antizipierte und die nicht antizipierte Komponente der Geldmengenzunahme mit unterschiedlicher Verzögerung wirken, ist angesichts der rudimentären Behandlung der Dynamik im Rahmen der grafischen Darstellung uninteressant.

Beschleunigt sich der Produktivitätsfortschritt, verschiebt sich die MM-Kurve nach links oben. Der Reallohnzuwachs beschleunigt sich und die Arbeitslosigkeit sinkt.

Steigen die kaufkraftbereinigten Rohölpreise, verschiebt sich die MM-Kurve nach rechts unten, worauf längerfristig die Reallohnzuwachsraten sinken und die Arbeitslosigkeit steigt. Zu betonen ist, dass eine Kostensteigerung des Faktors Rohöl sowohl über ein im Vergleich zum inländischen Preisniveau beschleunigtes Ansteigen des Dollarpreises für Rohöl als auch über eine Abwertung der D-Mark im Vergleich zum Dollar entstehen kann.

Eine Verschiebung der MM-Kurve nach links oben ist schliesslich im Durchschnitt des Zeitraums 1952 - 1983 auch durch expansive Geldpolitik erreicht worden. Dieses Ergebnis liegt sicher nicht mehr im Rahmen der Möglichkeiten, welche die moderne makroökonomische Theorie für die Geldpolitik sieht. Allerdings gilt das

Resultat hier zunächst nur für eine historische Episode von eher beschränkter Dauer. Die durchgehende Präsenz rationaler Erwartungen auch in singulären historischen Abläufen zu fordern, wäre sicherlich eine extreme, nicht notwendigerweise aus dem Postulat rationalen Verhaltens folgende Position.

Das quantitative Modellverhalten unterscheidet sich in beiden Varianten erheblich. Deshalb sollen bei den präsentierten Simulationen auch beide Modelltypen getrennt betrachtet werden. Da aber in qualitativer Hinsicht in beiden Varianten identische Reaktionen folgen, wird hier bei der *stilisierten* Darstellung der empirischen Leistungsfähigkeit des Modells auf eine Unterscheidung verzichtet. Für die Diskussion unterstellen wir das vollständige Modell.

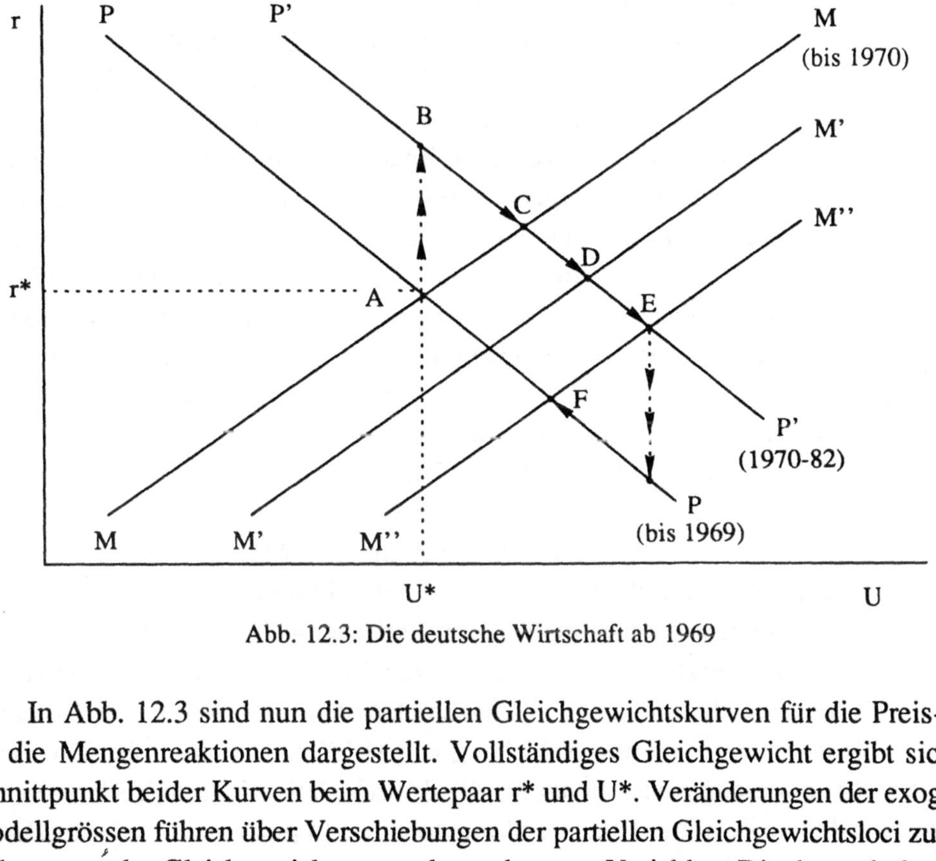

Abb. 12.3: Die deutsche Wirtschaft ab 1969

In Abb. 12.3 sind nun die partiellen Gleichgewichtskurven für die Preis- und für die Mengenreaktionen dargestellt. Vollständiges Gleichgewicht ergibt sich im Schnittpunkt beider Kurven beim Wertepaar r* und U*. Veränderungen der exogenen Modellgrössen führen über Verschiebungen der partiellen Gleichgewichtsloci zu Veränderungen der Gleichgewichtswerte der endogenen Variablen. Die dynamischen Abläufe bleiben bei dieser grafischen Modelldiskussion zunächst weitgehend verborgen. Ohne der späteren intensiven Diskussion dieses Aspektes im Rahmen von Modellsimulationen vorgreifen zu wollen, lässt sich jedoch sagen, dass die Reallohnzuwachsrate im Vergleich zur Arbeitslosenquote die *schnelle* Variable ist. D.h., kurzfristige Reaktionen auf Gleichgewichtsverschiebungen erfolgen primär durch Bewegungen in der Vertikalen. Anpassungen in der Horizontalen brauchen wegen der nur knappen Stationarität der Erklärungsgleichung der Arbeitslosenquote viel Zeit.

Unterstellen wir nun als Referenzpunkt für eine Interpretation der Entwicklung der deutschen Wirtschaft während der letzten eineinhalb Jahrzehnte, der status quo im Jahre 1969 lasse sich durch das im Schnittpunkt zwischen MM und PP liegende Gleichgewicht beschreiben. In den darauffolgenden Jahren sind verschiedene massive Störungen dieses Gleichgewichts aufgetreten.

1. Durch den Regierungswechsel Ende 1969 steigt G von null auf eins. Durch die mit der Bildung der sozialliberalen Koalition gestiegenen Erwartungen der Gewerkschaftsmitglieder verschiebt sich die Tarifgleichgewichtskurve nach rechts oben, von PP nach P'P'. Dies impliziert auf längere Sicht höhere Reallohnsteigerungsraten und höhere Arbeitslosenquoten (Punkt C). Auf kurze Sicht erfolgt die Anpassung wegen der Mengenrigiditäten primär im Preisbereich. D.h., zunächst steigen die Reallohnzuwachsraten, bis wir in Punkt B wieder auf dem neuen Tarifgleichgewichtslocus liegen. Es tritt also auch hier das vertraute Phänomen des Überschiessens auf, das wir insbesondere aus der Wechselkurstheorie kennen, welches aber generell in Modellen mit ungleichen Reaktionsgeschwindigkeiten auf den berücksichtigten Märkten auftreten kann. Auf längere Sicht hätte sich die deutsche Wirtschaft nachfolgend gemäss den Aussagen unseres Modells entlang P'P' von B nach C bewegt und bei gegenüber der Zeit vor 1969 moderat höheren Lohnzuwachsraten und Arbeitslosenquoten eingependelt. Noch vor Abschluss dieses Prozesses sah sich die deutsche Wirtschaft jedoch weiteren Störungen ausgesetzt.

2. Der in praktisch allen Industrieländern - und auch in Deutschland - in den 70er Jahren deutlich verlangsamte Produktivitätsfortschritt verschiebt die Mengengleichgewichtskurve nach rechts unten in die Position M'M', mit entsprechend negativen Konsequenzen für Reallohnwachstum und Beschäftigung.

3. Hinzu kommen die zweimal schubweise, aber auch im Durchschnitt des Betrachtungszeitraums, massiv gewachsenen Einstandspreise für Rohöl. Analog zur eben erwähnten Verschlechterung bei den Lohnstückkosten führt auch diese Kostenerhöhung zu einer weiteren Kurvenverschiebung von M'M' nach M"M". Über D verschiebt sich somit der Gleichgewichtspunkt für die deutsche Wirtschaft im Verlaufe der 70er Jahre zum Punkt E, mit entsprechend ungünstigen Implikationen insbesondere für die Beschäftigungssituation.

Geht man davon aus, dass die Modellstruktur nicht nur die Vergangenheit beschreibt, sondern auch die Zukunft, dann muss die politische "Wende" Ende 1982 nach rechts zu einer Rückverschiebung der Kurve P'P' etwa nach PP geführt haben. Dies müsste über eine Dämpfung der Ansprüche der Gewerkschaftsmitglieder zunächst die Tarifabschlüsse reduzieren und auf längere Sicht die Situation auf dem Arbeitsmarkt entspannen.

Diese Interpretation ignoriert allerdings die Lucas-Kritik und unterstellt eine Umkehrbarkeit der im Betrachtungszeitraum tatsächlich aufgetretenen Entwicklung. Dies wird insofern nicht durch die verwendeten Daten gestützt, als diese Entwicklungsrichtung im Untersuchungszeitraum nicht über eine relevante Dauer beobachtet werden konnte. Ausserdem wird generell unterstellt, dass die Akteure aus den gemachten Erfahrungen keinerlei Schlüsse gezogen hatten.

12.2. SIMULATIONEN

Die von unserem kleinen Makromodell der deutschen Wirtschaft zugeschriebene Dynamik lässt sich im Detail mittels Simulationen nachvollziehen. Hierbei ist allerdings zu beachten, dass die in den Tabellen 12.1 und 12.2 zusammengefassten Modellvarianten nicht durchwegs lineare Preis- und Mengenreaktionskurven implizieren, wie dies die stilisierten Modelldarstellungen der Abbildungen 12.2 und 12.3 suggerieren. Im kleinen Modell (Tab. 12.2) ist die Mengenreaktionskurve linear, die Preisreaktionskurve aber hyperbolisch (vgl. Abb. 12.4). Im grösseren Modell ist wegen der Reaktion der Geldpolitik auf die inverse Arbeitslosenquote auch die Mengenreaktionskurve nicht linear (vgl. Abb. 12.5). Somit hängt die Intensität der Modellreaktionen auf Parameteränderungen, möglicherweise auch die Modelldynamik von der Lage des Ausgangsgleichgewichts ab. Unberührt von der Lage des Ausgangsgleichgewichts bleiben dagegen die komparativ-statischen Eigenschaften und, nach den gemachten Erfahrungen, die Stabilität des Modells.

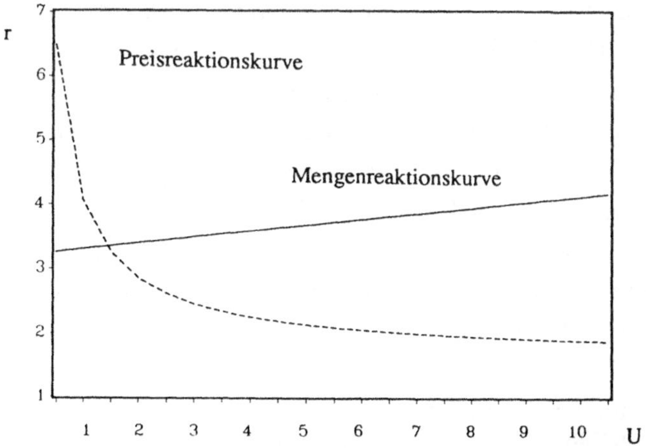

Abb. 12.4: Preis- und Mengenreaktionskurve gemäss kleinem Modell

Beginnen wir mit der kleineren Modellvariante, in der die Geldmengenentwicklung exogen bleibt. Abb. 12.6 zeigt zunächst die Reaktion der vier endogenen Variablen lnS, U, r^T und r^E auf einen Regierungswechsel von rechts nach links (permanente Erhöhung von G von 0 auf 1). Wir betrachten also den Schock, den wir in der stilisierten Darstellung der deutschen Wirtschaft ab 1969 in Abb. 12.3 für die Bewegung von A über B nach C verantwortlich machten. Die Simulationsergebnisse entsprechen der oben vorgebrachten Argumentation, dass die Menge (gemessen durch die Arbeitslosenquote) die langsame, sich monoton ans neue Gleichgewicht anpassende

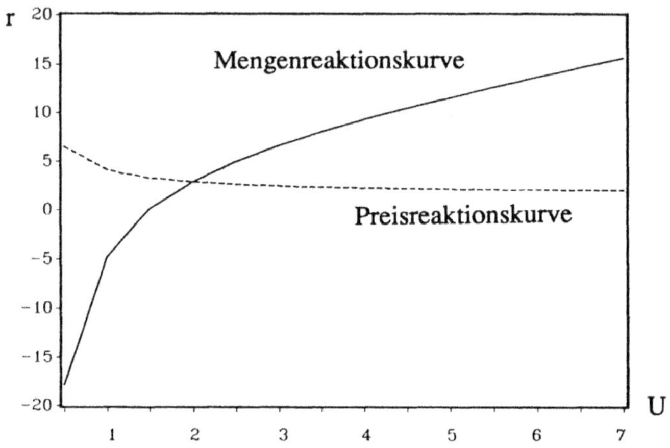

Abb. 12.5: Preis- und Mengenreaktionskurve gemäss grossem Modell

Variable ist[3] und dass der Preis (hier der Reallohn) die schnelle Variable ist, die ihren neuen, höheren Gleichgewichtswert zu Beginn der Anpassungsphase weit überschiesst. Das Überschiessen der Tariflohnwachstumsrate ist dabei etwas stärker, da die steigende Arbeitslosenquote das Effektivlohnwachstum gleich unter das Tariflohnwachstum drückt. Das Streikvolumen steigt sprungartig an und befindet sich nach zwei Jahren sehr nahe bei seinem neuen Gleichgewicht.

Abb. 12.7 zeigt die Konsequenzen eines weiteren, aber nun transitorischen Schocks in der Streikgleichung, nämlich einer einmaligen Erhöhung des Anteils des Produzierenden Gewerbes um 4 Prozentpunkte. Beide Reallöhne wachsen in der Periode des Schocks weit stärker als vorher. Unmittelbar danach unterschiessen sie allerdings ihren alten und neuen Gleichgewichtswert - beide Werte sind hier identisch - und nähern sich an diesen dann monoton von unten her an. Diese Anpassung

---

[3] Wie langsam die Arbeitslosenquote reagiert, ergibt sich daraus, dass es ab der Schockperiode immerhin 5 1/2 Jahre dauert, bis sie 50 Prozent des hin zum neuen Gleichgewicht erforderlichen Weges zurückgelegt hat. Die Berechnung solcher "Halbwertszeiten" ist für Vergleichszwecke deshalb sinnvoll, weil die vollständige Anpassung ans Gleichgewicht immer asymptotisch erfolgt, also unendlich lange dauert.

vollzieht sich bei den Effektivlöhnen etwas rascher als bei den Tariflöhnen.

Die Streikdaten zeigen ein kurzes Aufflackern der Arbeitnehmermilitanz, das allerdings nach zwei Jahren praktisch wieder beendet ist. Die längsten Auswirkungen ergeben sich wieder bei der Arbeitslosenquote. Unter Zugrundelegung der maximalen Abweichung vom identischen Anfangs- und Endgleichgewicht ergibt sich hier eine "Halbwertszeit" von 6 1/2 Jahren.

Die bisher präsentierten Simulationen zeigen die Konsequenzen permanenter und transitorischer Veränderungen der Ansprüche der Gewerkschaftsmitglieder. Neben diesen vom Preisbereich ausgehenden Veränderungen können auch *direkte Störungen im Mengenbereich* auftreten.

Die Konsequenzen der quantitativ wohl bedeutendsten derartigen Störungen der letzten beiden Jahrzehnte, einer transitorischen Erhöhung der Zuwachsrate des Rohölpreises, sind in Abb. 12.8 dargestellt. Der obere Teil der Abbildung zeigt die rasch einsetzenden Wirkungen auf die Wachstumsrate der Reallöhne. Da dieser Rückgang des Lohnwachstums allerdings erst mit Verzögerungen auf die Beschäftigungssituation wirkt, kommt es gleichzeitig zu einem starken Ansteigen der Arbeitslosenquote. Die Arbeitslosenquote verharrt trotz des transitorischen Charakters des Schocks noch weitere zwei Jahre auf diesem hohen Niveau und beginnt erst danach wieder Richtung Ausgangswert abzusinken. Sehr unruhig zeigt sich die Entwicklung der Streiktätigkeit, bei der offensichtlich abwechselnd die Veränderungen von U_t und von r^E_{t-1} dominieren.

Die letzten beiden Simulationen der kleinen, aus vier Gleichungen bestehenden Modellvariante zeigen in den Abbildungen 12.9 und 12.10 die Auswirkungen einer transitorischen respektive permanenten Reduktion der Geldmengenwachstumsrate. Im Falle der *transitorischen* Reduktion (Abb. 12.9) ergeben sich auf alle Variablen mehr oder weniger die gleichen Auswirkungen wie beim oben untersuchten Ölpreisschock. Der Unterschied, dass sich das Geldmengenwachstum ohne Verzögerung und über zwei Perioden verteilt auswirkt, führt offenbar zu keiner Veränderung der qualitativen Reaktionen der endogenen Grössen.

Abb. 12.10 zeigt die Auswirkung einer *permanenten* Verringerung der Geldmengenwachstumsrate. Interessant ist hier, dass sich die komparativ-statischen Ergebnisse der stilisierten Darstellung in Abb. 12.3 praktisch durchwegs - die einzige Ausnahme ist ein kleiner Zacken in der Streikentwicklung - als Resultat monotoner Bewegungen einstellen. Zwar ist auch hier das Reallohnwachstum wieder die eindeutig schnellere Variable[4], aber sie überschiesst ihren Gleichgewichtswert nicht. Dies ist ein interes-

[4] Der grösste Teil der Anpassung an den neuen Gleichgewichtswert wird innerhalb von zwei Jahren erreicht, während die Arbeitslosenquote eine "Halbwertszeit" von 35 Jahren hat!

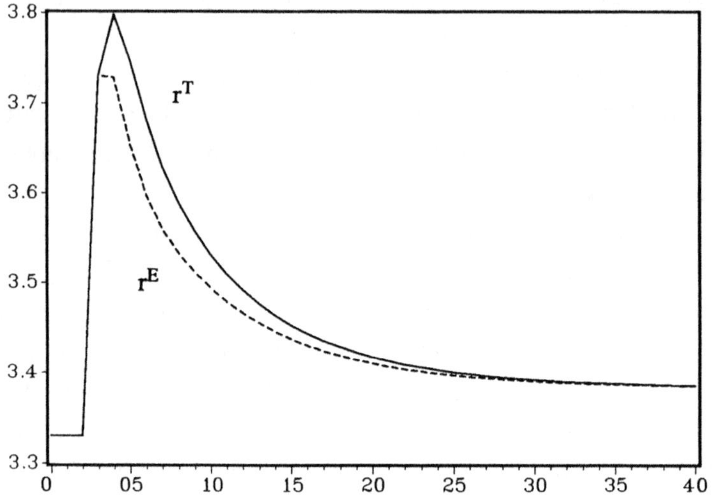

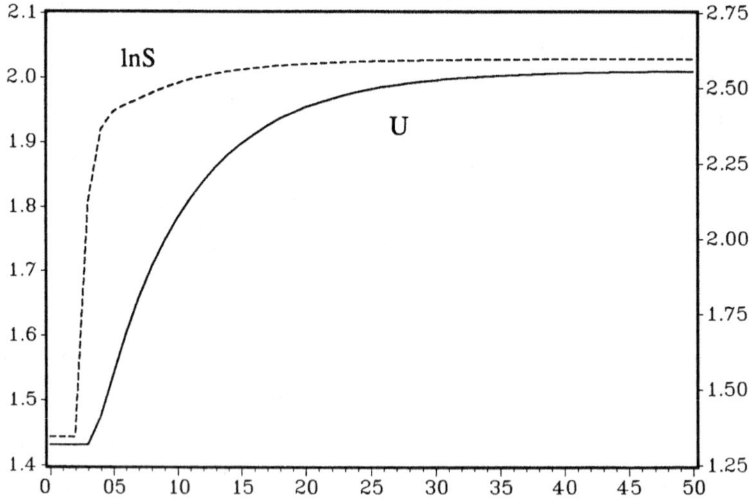

Abb. 12.6: Regierungswechsel von rechts nach links (bleibende Erhöhung von G); kleines Modell

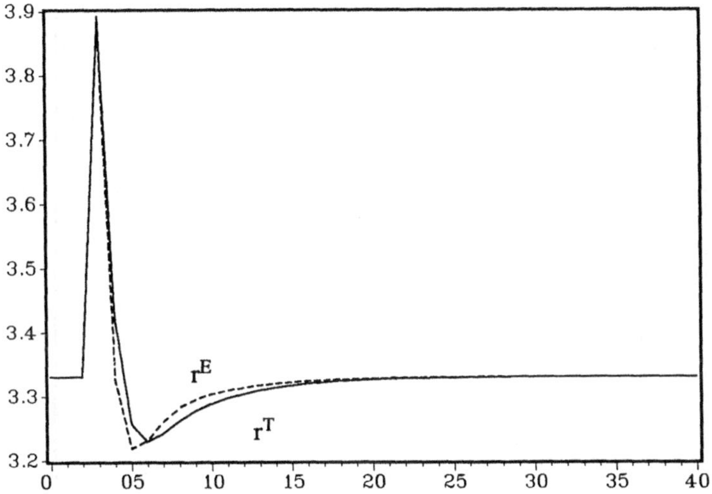

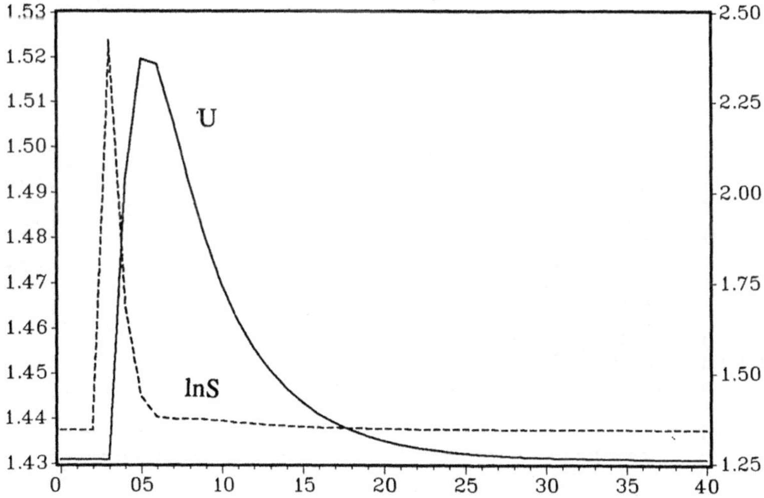

Abb. 12.7: Industrieller Wandel hin zum Produzierenden Gewerbe (transitorische Erhöhung von ΔI); kleines Modell

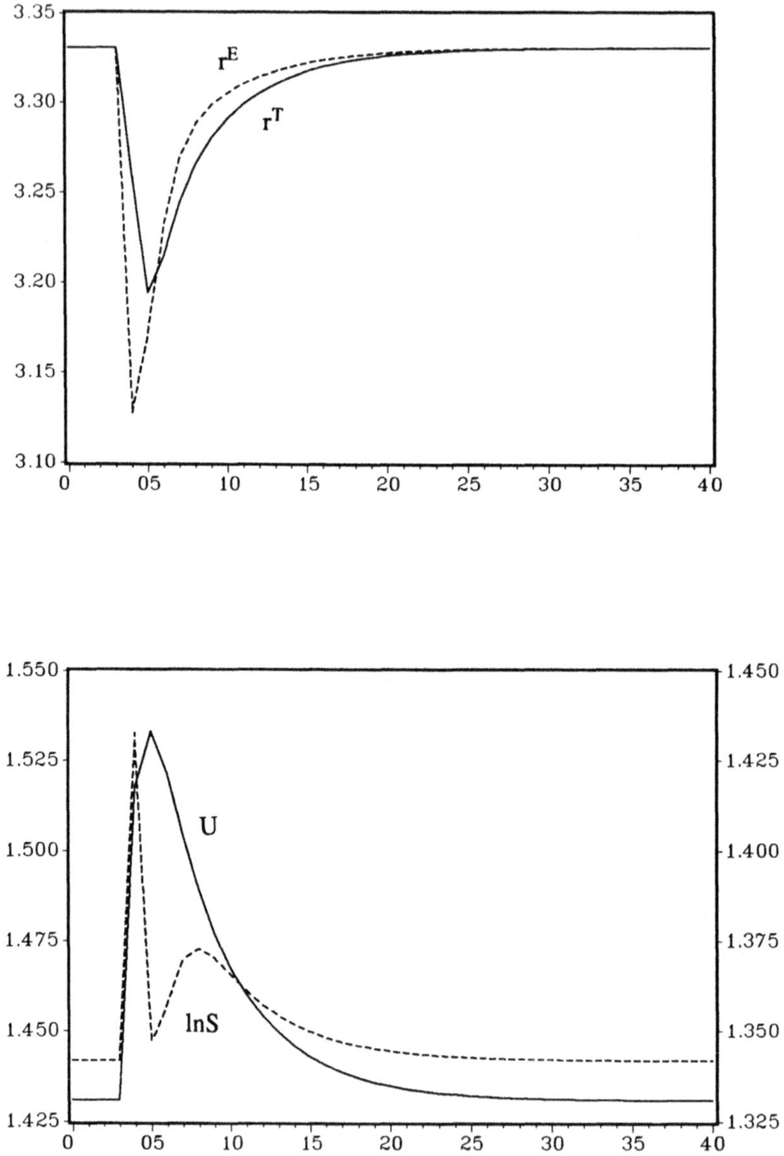

Abb. 12.8: Einmaliger Anstieg des kaufkraftbereinigten Rohölpreises (transitorische Erhöhung von $p^{öl}$); kleines Modell

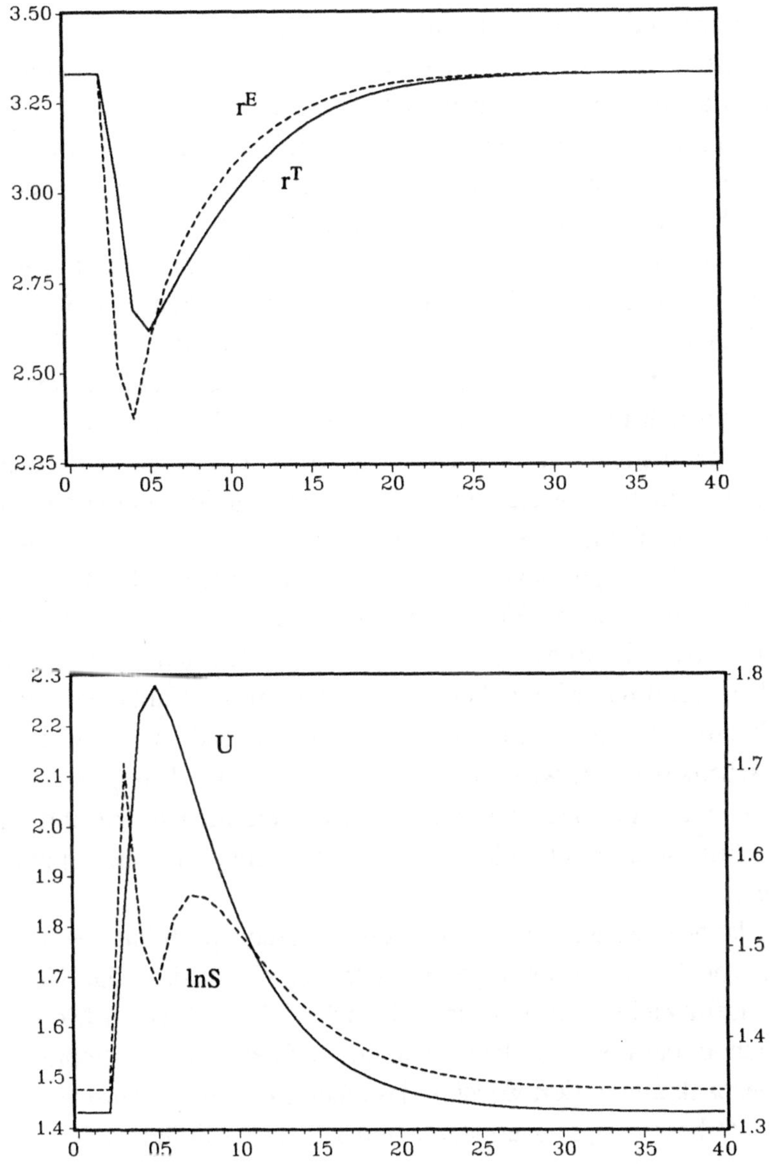

Abb. 12.9: Vorübergehender Rückgang des Geldmengenwachstums (transitorische Reduktion von m); kleines Modell

santer Unterschied zur Simulation permanenter Veränderungen von G: Permanente Schocks in den kollektiven Arbeitsbeziehungen scheinen volatilere Lohnreaktionen nach sich zu ziehen als zunächst auf die Mengenentscheidungen der Unternehmen wirkende Störungen. Etwas unplausibel erscheinen mag, dass die Reallohnzuwachsraten relativ schnell auf ihre neuen Gleichgewichtswerte sinken, obwohl die einzige den Geldmengenschock in den Tarifverhandlungsbereich übertragende Variable, die Arbeitslosenquote, sehr, sehr langsam reagiert. Dieser scheinbare Widerspruch löst sich auf, wenn man sich den stark nichtlinearen Zusammenhang zwischen Reallohnwachstum und Arbeitslosenquote vergegenwärtigt. Oder anders ausgedrückt: Auch 1/U passt sich nach diesem restriktiven Geldmengenschock relativ schnell an sein neues Gleichgewicht an, weil es sich bei sehr hohen Arbeitslosenquoten nicht mehr nennenswert verändert. Und sehr hohe Arbeitslosenquoten werden hier in der Tat erreicht, steigt doch die gleichgewichtige Arbeitslosenquote nach einem Rückgang der Geldmengenzuwachsrate um nur 1,5 Prozentpunkte von 1,5 auf knapp 10 Prozent. Die dafür erforderliche Anpassungszeit würde allerdings über 200 Jahre betragen! Ein solches Ergebnis lässt sich natürlich mit Schätzungen aus einem Beobachtungszeitraum von 32 Jahren nicht wirklich stützen und suggeriert geradezu die Frage, ob in dieser Situation die Geldpolitik nicht reagieren und gegensteuern würde. Mit diesen etwas weiter gefassten makroökonomischen Zusammenhängen unter Einbeziehung der geldpolitischen Reaktion befasst sich das grössere der beiden Simulationsmodelle dieses Kapitels.

Das komparativ-statische Verhalten des *grossen Modells* wird insbesondere dadurch geprägt, dass die Mengenreaktionskurve nun deutlich steiler ist als im kleinen Modell. Dies rührt natürlich daher, dass gemäss dieser Variante die Bundesbank einerseits Lohnzuwachsraten mit Erfolg akkommodiert und andererseits auch bereits entstandene Arbeitslosigkeit wirksam bekämpft. Da dieser Kampf bei Variationen der Arbeitslosenquote auf niedrigem Niveau besonders intensiv geführt wird, steigt die Mengenreaktionskurve von links ausgehend zunächst sehr steil an und wird erst danach flacher.

Die Simulation eines Regierungswechsels von rechts nach links, einer permanenten Erhöhung von G, ergibt als augenfälligstes Ergebnis, dass das Überschiessen bei der Reallohnzuwachsraten nun viel schwächer als im kleinen Modell ist. Dies liegt vermutlich an dem bereits oben erwähnten Effekt, dass Reallohnsteigerungen von der Bundesbank alimentiert werden, dass damit kein gegenläufiger Effekt durch auftretende Unterbeschäftigung entsteht, und so die Reallohnwachstumsraten die kurzfristig erreichten hohen Werte weitgehend behalten. Der mittlere Teil von Abb. 12.11 zeigt die Entwicklung von Streikvolumen und Arbeitslosenquote. Beide Variablen passen sich ganz ähnlich wie in der entsprechenden Simulation des kleineren Modells monoton an ihre gestiegenen Gleichgewichtswerte an. Der untere Teil der Grafik

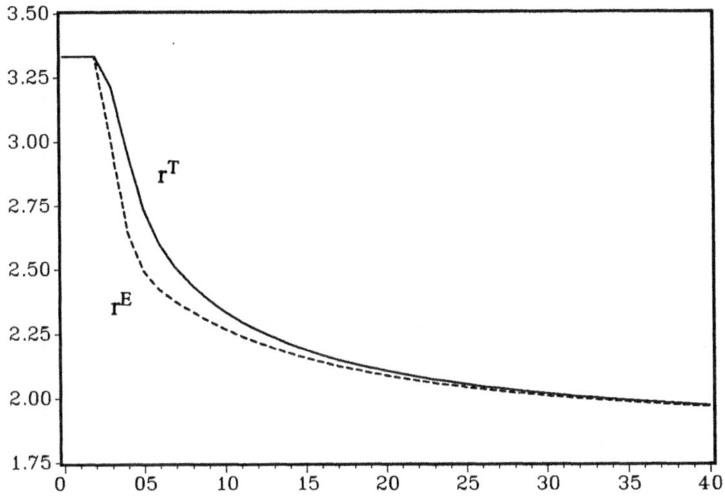

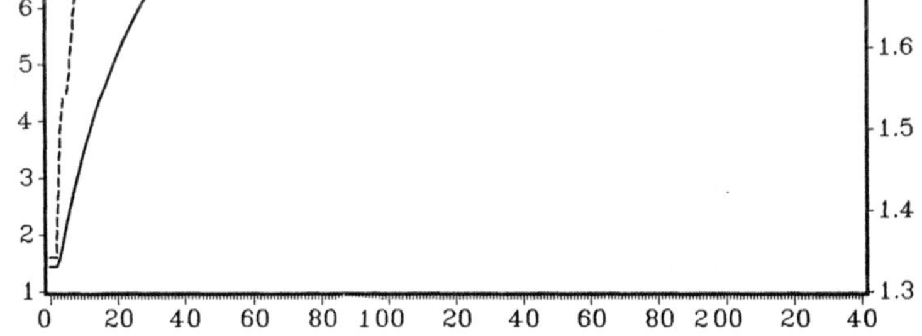

Abb. 12.10: Rückgang des Geldmengenwachstums auf Dauer (bleibende Reduktion von m); kleines Modell

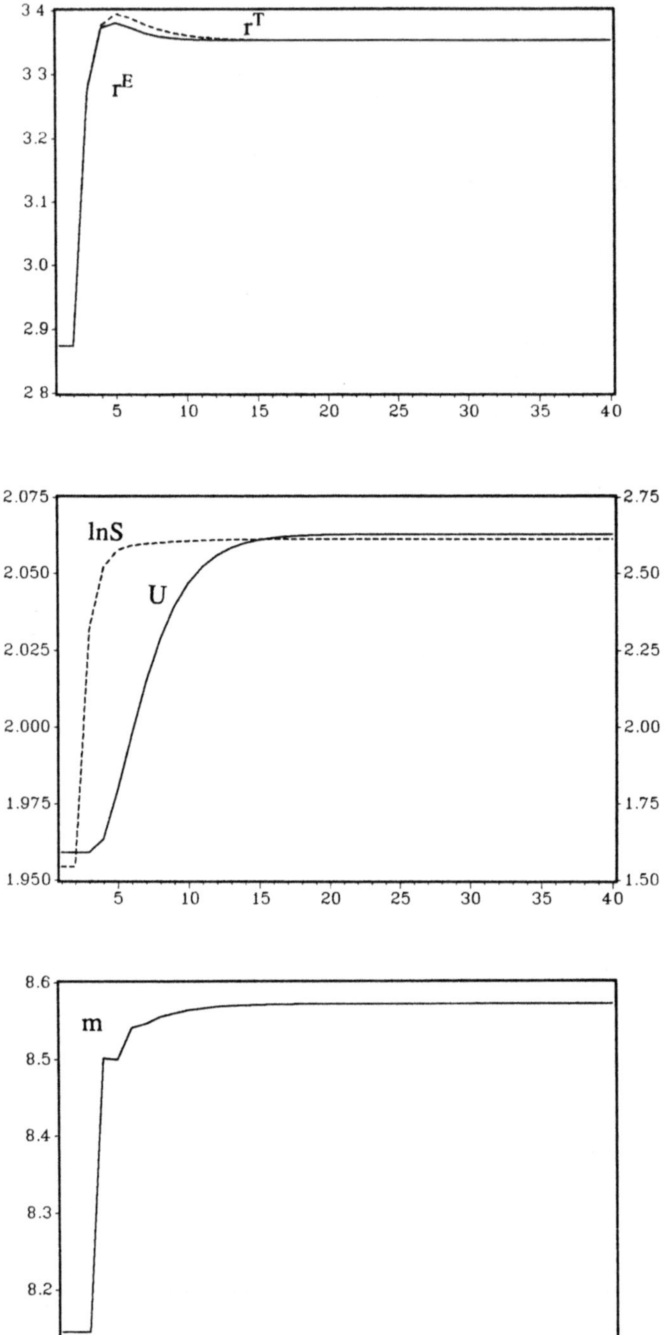

Abb. 12.11: Regierungswechsel von rechts nach links (bleibende Erhöhung von G); grosses Modell

zeigt die Entwicklung der Geldmengenzuwachsraten, die sich sehr rasch an die gestiegenen Reallohnzuwachsraten anpassen und auf die sich der längerfristige Anstieg der Arbeitslosenquote nur noch in kaum merklicher Weise auswirkt.

Auch das Verhalten des grossen Modells bei einem transitorischen Schock in ΔI entspricht weitgehend den Reaktionen des kleinen Modells (Abb. 12.12): Die Lohnzuwachsraten steigen nur für eine Periode stark an und fallen danach wieder auf ihren alten Wert zurück, allerdings nun wieder ohne nennenswert zu unterschiessen und ohne erkennbare Lohndrift. Auch die Arbeitslosenquote und die Streiktätigkeit steigen unmittelbar nach dem Schock stark an und fallen danach - die eine Variable schnell, die andere langsamer - auf ihre alten Niveaus zurück. Schliesslich steigt auch das Geldmengenwachstum nur für eine Periode in nennenswerter Weise. Die wenigen noch später folgenden Zuckungen sind quantitativ unbedeutend.

Ein permanenter Schock in der U-Gleichung löst in Abb. 12.12 ähnliche dynamische Reaktionen aus wie ein permanenter Schock in der m-Gleichung. Abb. 12.13 zeigt zunächst die Konsequenzen eines permanenten Rückgangs der Wachstumsrate der Arbeitsproduktivität. Hier passen sich alle endogenen Variablen mehr oder weniger monoton an ihre neuen Gleichgewichtswerte an. Das Reallohnwachstum geht langfristig zurück, Arbeitslosigkeit und das Volumen der Arbeitskonflikte steigen und der geldpolitische Kurs der Bundesbank wird expansiver. Die erforderlichen Anpassungen vollziehen sich, wie gesagt, weitgehend monoton und relativ langsam.[5] Bemerkenswert ist, dass sich aufgrund der schnelleren Reaktion der Tariflöhne hier eine gewisse Lohndrift ergibt.

Abbildung 12.14 zeigt die Folgen einer permanenten Veränderung der Wachstumsrate des staatlichen Konsums. Die Reaktionen der Reallöhne, der Arbeitslosenquote und des Streikvolumens sind, wie bereits oben erwähnt, ähnlich wie bei einer permanenten *Erhöhung* von x. Allerdings erfolgt die Reaktion der Geldpolitik jetzt schneller und im ersten Moment zu stark. Die schnelle Reaktion der Arbeitslosenquote auf dieses plötzliche Gasgeben der Geldpolitik veranlasst sogar die Wachstumsrate der effektiven Reallöhne zum Überschiessen. Da ja eine Zunahme von c^s zum Teil mittels Geldschöpfung finanziert wird, ist ein permanenter Schock in c^s im übrigen gleichbedeutend mit einem autonomen Kurswechsel der Geldpolitik der Bundesbank in Richtung verstärkter Expansion.

Abschliessend zeigen nun noch die Abbildungen 12.15-12.18 nacheinander die Auswirkungen transitorischer Veränderungen der unerwarteten Komponente des Geldmengenwachstums, der Wachstumsrate des Rohölpreises in US-Dollar $p^{öl,\$}$, der Abwertungsrate des nominalen Wechselkurses DM/US-Dollar e^n und der ausländischen

---

[5] Die Halbwertszeit für die Arbeitslosenquote beträgt hier etwa 3 1/2 Jahre.

Inflationsrate p^*. Die Ansatzpunkte für den Einfluss dieser Grössen ergeben sich aus der Abhängigkeit der Arbeitslosenquote von der Änderung des kaufkraftbereinigten Ölpreises,

$$(12.11)\qquad p^{öl} \equiv e^n + p^{öl,\$} - p,$$

und der festgestellten Reaktion des Geldmengenwachstums auf die gleiche Variable und die Änderung des (realen) Aussenwerts der DM, der definiert ist als

$$(12.12)\qquad e \equiv e^n + p^* - p.$$

Wächst die Geldmenge eine Periode lang langsamer als erwartet, führt dies zu einem relativ raschen und eine gewisse Zeit anhaltenden Rückgang der Reallohnzuwachsraten. Die Arbeitslosenquote steigt nach dem restriktiven Schock sehr rasch an und bewegt sich danach wieder monoton zu ihrem alten Wert zurück. Wegen der nicht mehr so leicht erfüllbaren Aspirationen der Gewerkschaftsmitglieder nimmt die Streiktätigkeit deutlich und für längere Zeit zu und zeigt im übrigen ein deutlich unregelmässigeres Muster als die anderen Makrovariablen. Der untere Teil von Abbildung 12.15 zeigt schliesslich, dass der unerwartete Geldmengenschock gewisse, aber rasch abklingende Folgewirkungen für die weitere Geldmengenentwicklung hat.

Die sich bei einem transitorischen Schock in e^n, $p^{öl,\$}$ oder p^* ergebende Dynamik entspricht qualitativ der beschriebenen Dynamik bei einem unerwarteten Geldmengenschock und bedarf deshalb ebenfalls keines weiteren Kommentars. Dies gilt allerdings nicht für die sich ergebenden komparativ-statischen Effekte, da sich deren Vorzeichen eigentlich aus theoretischen Überlegungen allein nicht ableiten lassen. So verbilligt eine Aufwertung der DM auf der einen Seite die Rohstoffimporte und sollte somit die Beschäftigung stimulieren, auf der anderen Seite verschlechtert sie die Wettbewerbsposition der inländischen Produzenten im In- und Ausland. Zwar geht man normalerweise davon aus, dass der als zweites genannte negative Beschäftigungseffekt dominiert, doch in unserem Fall wird das Problem noch dadurch kompliziert, dass die Bundesbank auf Änderungen der kaufkraftbereinigten Rohölpreise und des realen Wechselkurses *reagiert* und theoretisch die direkten Effekte dieser Änderungen überdecken *kann*, wenn sie massives *leaning against the wind* betreibt. Nach den Schätzergebnissen tat sie dies tatsächlich, so dass überraschenderweise eine D-Mark-Aufwertung die Arbeitslosenquote vorübergehend *reduziert* und die Löhne für eine gewisse Zeit schneller wachsen lässt (Abb. 12.16). Das gleiche ergibt sich bei einer Verringerung des ausländischen Preisniveaus (Abb. 12.17). Die über den Markt zu erwartenden Konsequenzen einer einmaligen Erhöhung des Preises des Inputfaktors

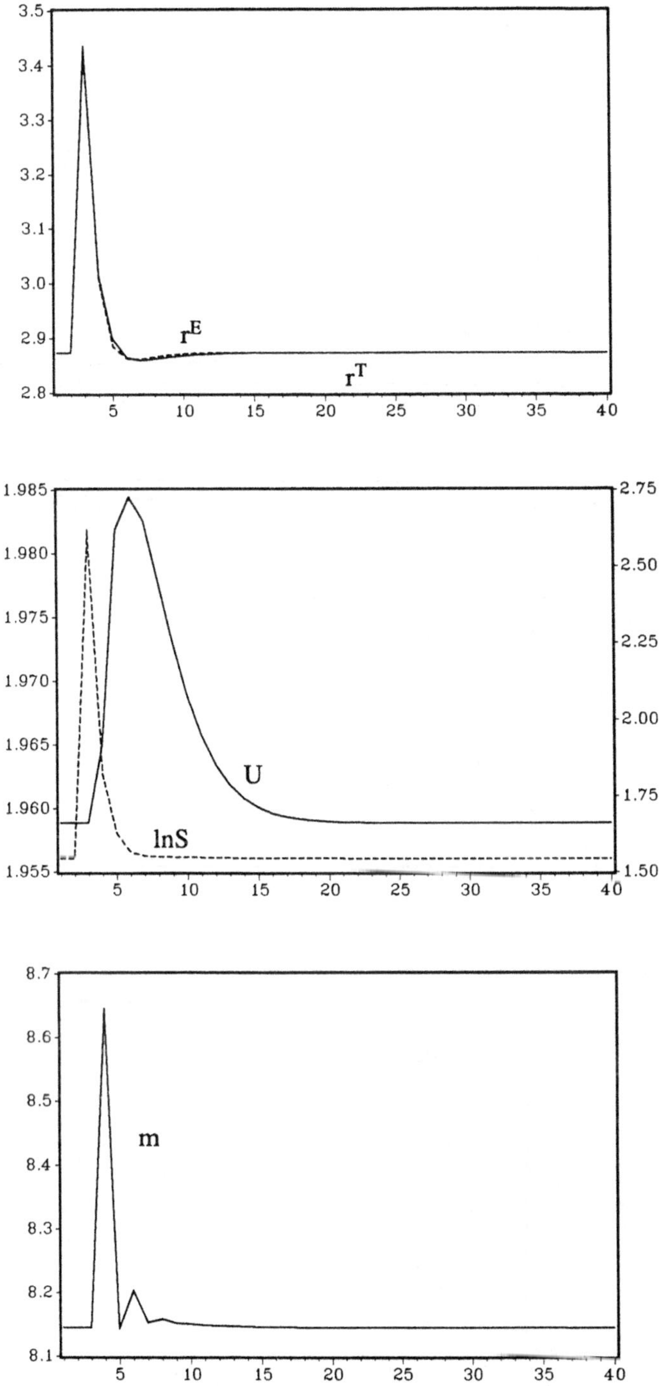

Abb. 12.12: Industrieller Wandel hin zum Produzierenden Gewerbe (transitorische Erhöhung von ΔI); grosses Modell

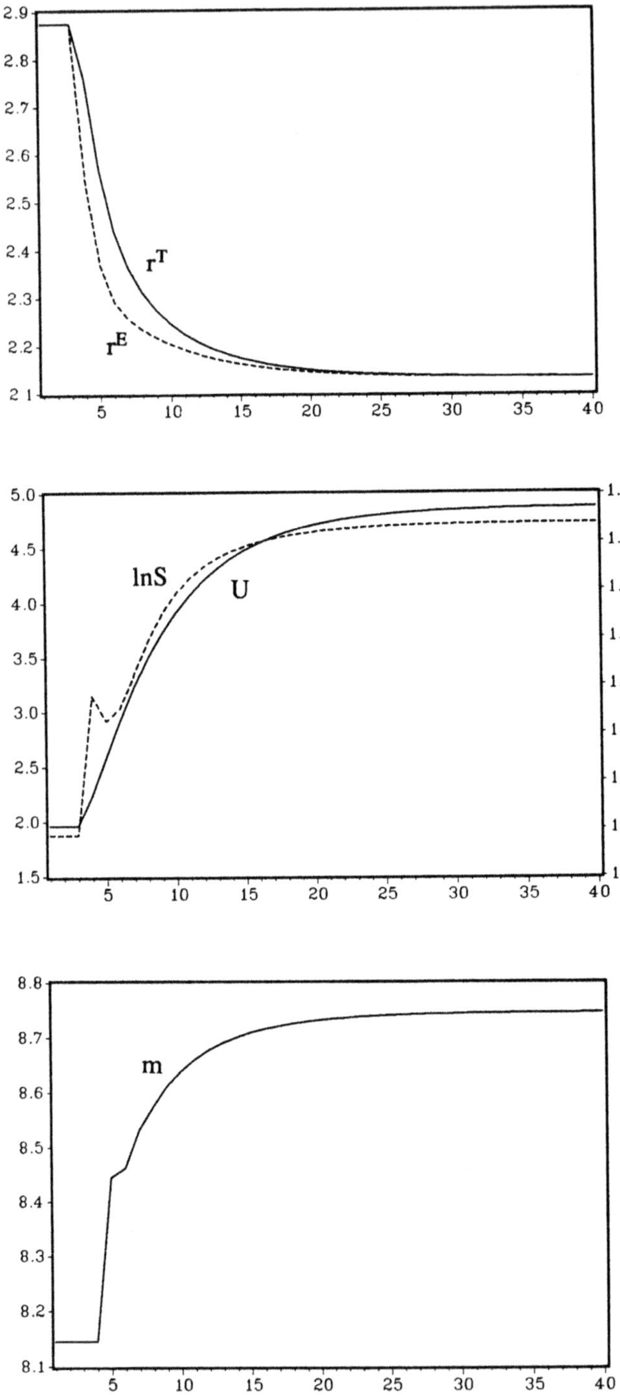

Abb. 12.13: Rückgang des Produktivitätsfortschritts (bleibende Reduktion von x); grosses Modell

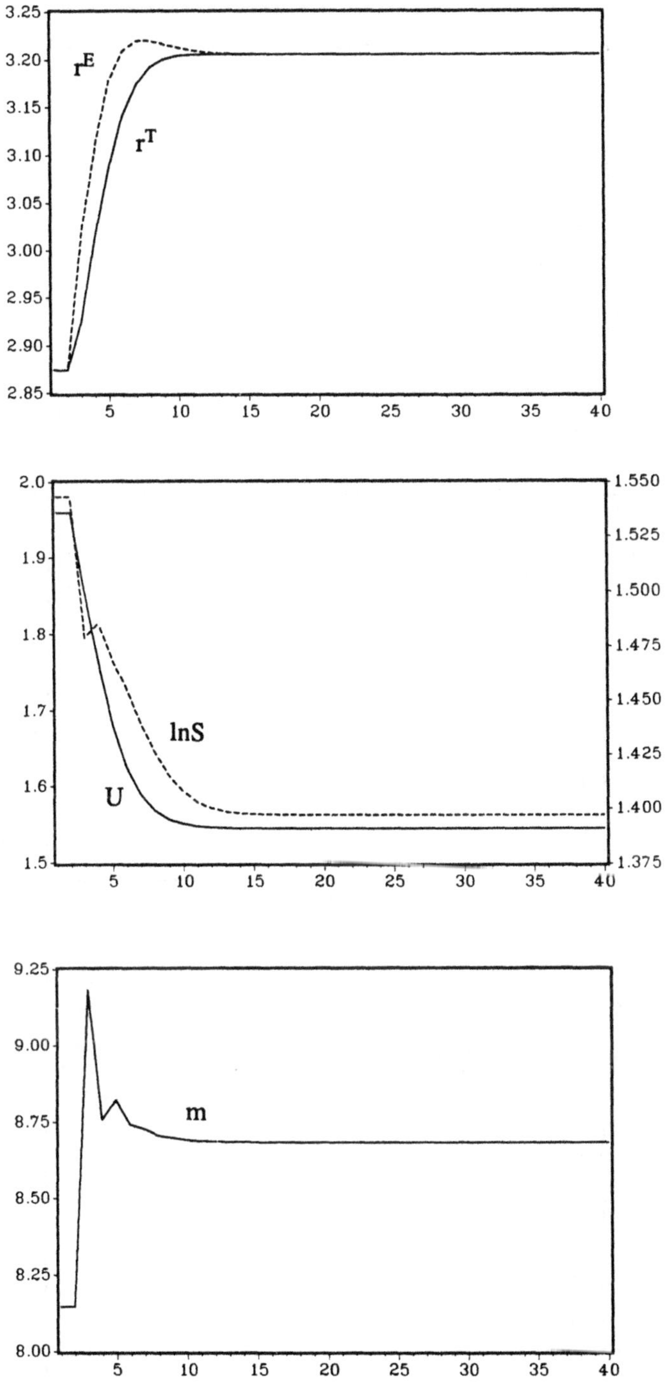

Abb. 12.14: Beschleunigtes Wachstum des staatlichen Konsums (bleibende Erhöhung von c^s); grosses Modell

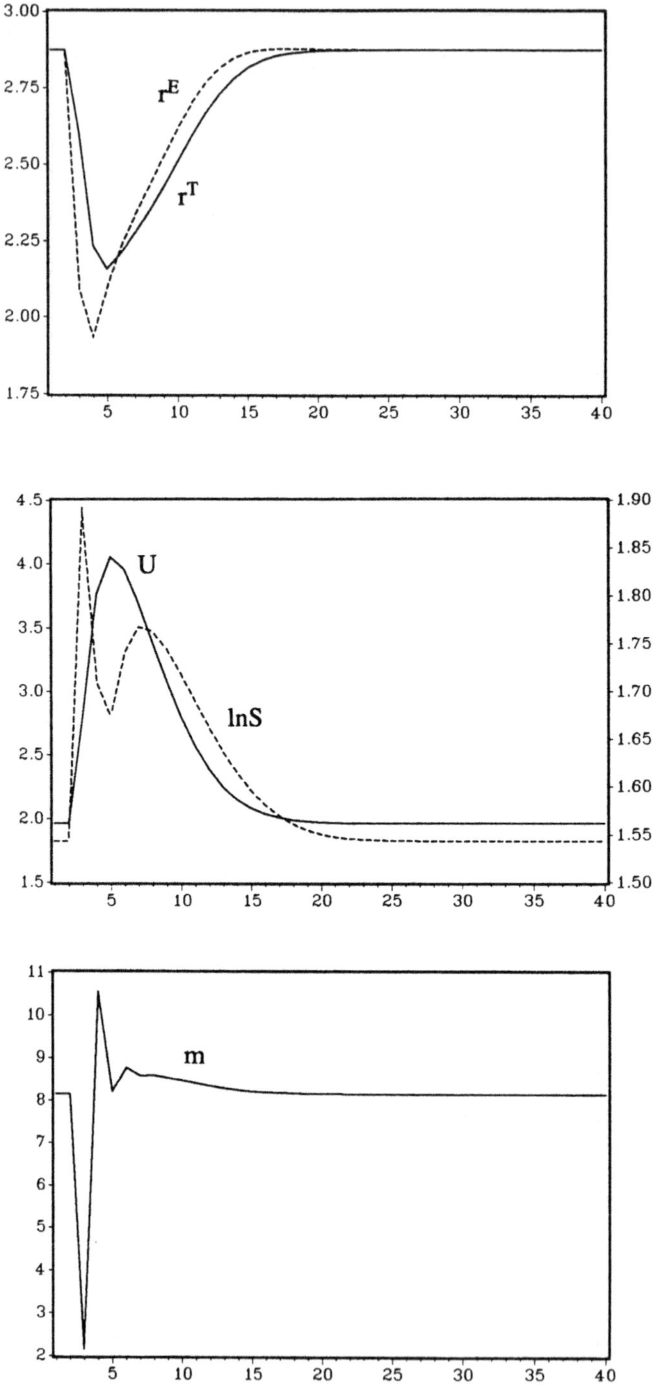

Abb. 12.15: Unerwarteter Rückgang des Geldmengenwachstums (transitorischer Rückgang von m^u); grosses Modell

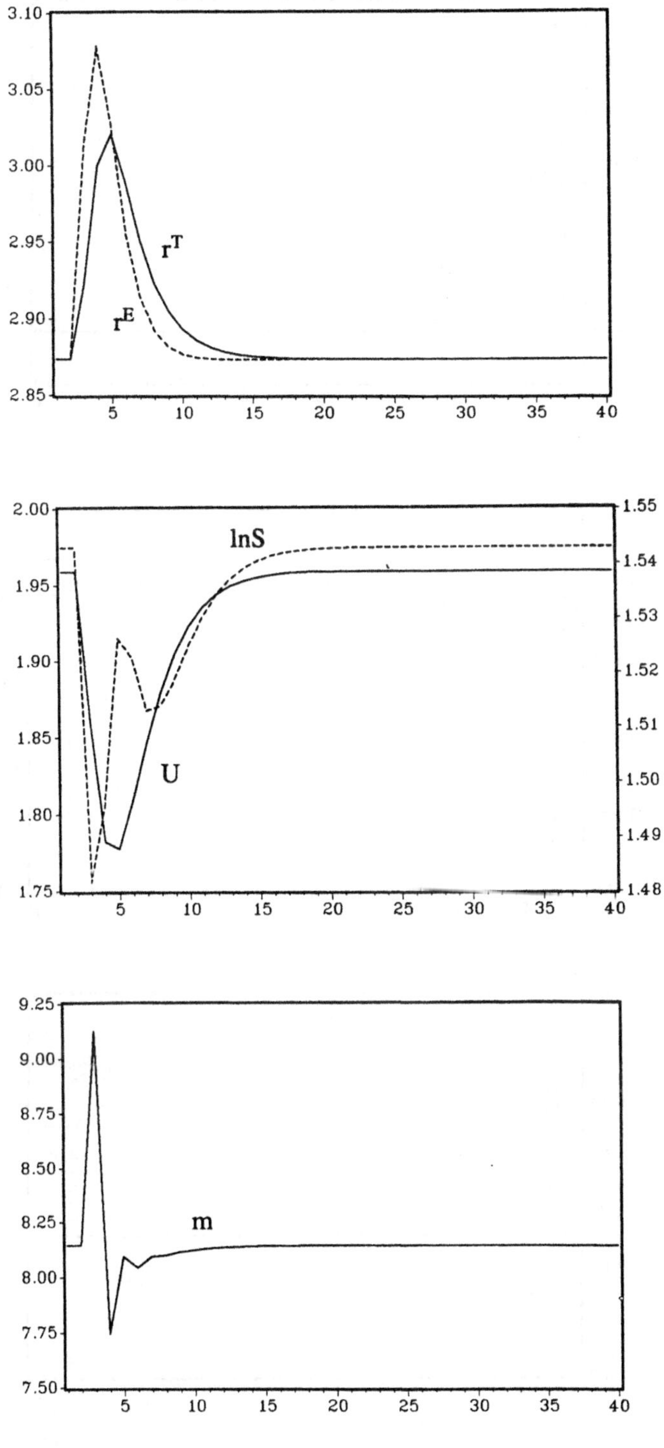

Abb. 12.16: Einmalige Aufwertung der D-Mark (transitorischer Rückgang von e^n); grosses Modell

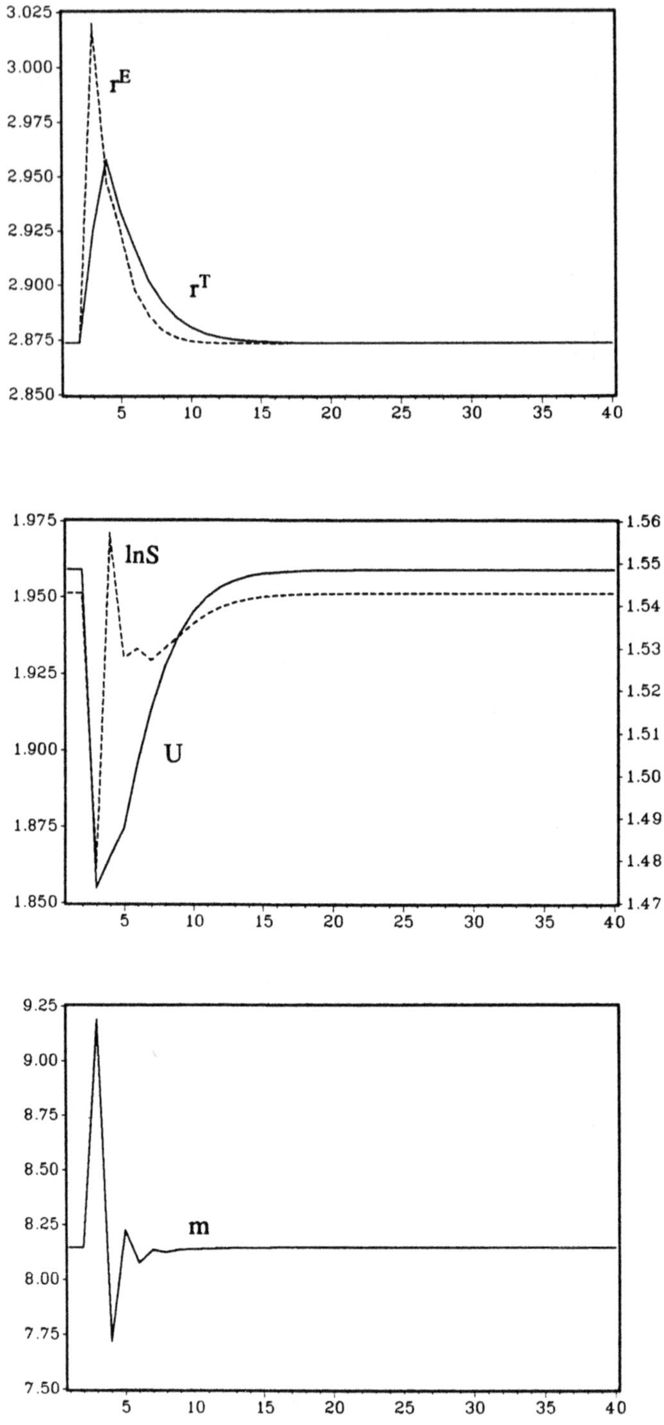

Abb. 12.17: Einmaliger Rückgang des ausländischen Preisniveaus (transitorischer Rückgang von p*); grosses Modell

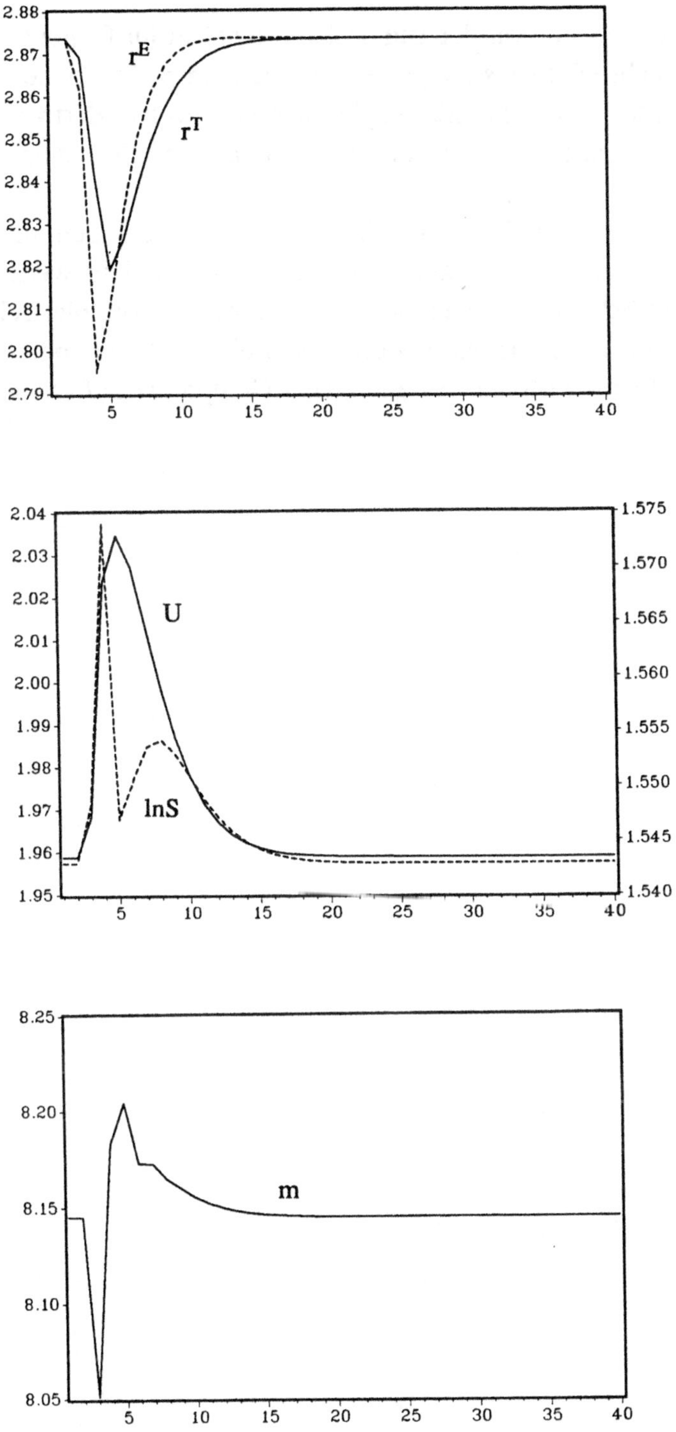

Abb. 12.18: Einmaliger Anstieg des Rohölpreises (transitorische Erhöhung von $p^{öl,\$}$); grosses Modell

Rohöl werden dagegen von der Bundesbank nicht in ihr Gegenteil verkehrt (Abb. 12.18). Offensichtlich beabsichtigt sie dies auch gar nicht, da sie auf steigende Ölpreise mit restriktiver Geldpolitik reagiert und sich im Konflikt zwischen Inflations- und Beschäftigungsgefahr somit für die Verhütung von Preissteigerungen entscheidet.

Insgesamt ist es der Bundesbank offensichtlich gelungen, die Anpassung von makroökonomischen Kernvariablen an ihre Gleichgewichtswerte nach exogenen Schocks wesentlich zu beschleunigen. Dies sieht man exemplarisch daran, dass die Halbwertszeit für die Arbeitslosenquote nach einem Regierungswechsel von ca. 5 1/2 Jahren im kleinen Modell bei endogener Geldpolitik auf knapp 3 Jahre halbiert wird.

Kapitel 13

Zusammenfassung und Schlussfolgerungen

Ziel der theoretischen Kapitel dieses Buches war es, den Kollektivverhandlungsprozess zwischen Arbeitgeberverbänden und Gewerkschaften für Länder zu modellieren, in denen sich diese Verhandlungen auf einem sehr hohen Aggregationsniveau abspielen. Hierbei sollte die Rolle der Arbeitskonflikte in solchen Verhandlungen herausgearbeitet und makroökonomisch relevante Schlussfolgerungen gezogen werden. Diese Schlussfolgerungen lauten:

1. In Wohlfahrtsstaaten mit einem eng gewobenen Netz der sozialen Sicherung ist zu erwarten, dass das Streikvolumen mit zunehmender Arbeitslosigkeit ansteigt. Dies liegt daran, dass die Konzessionsbereitschaft der Arbeitgeber bei Unterbeschäftigung abnimmt - durch Streiks oder Aussperrungen verursachte Produktionseinbussen können jetzt ja leichter wieder wettgemacht werden - und gleichzeitig das Anspruchsniveau der Gewerkschaftsmitglieder bei guter sozialer Sicherung nicht nennenswert sinkt. Eine andere Erklärung für diese Verharrungstendenz des artikulierten Anspruchsniveaus liefert das sogenannte Insider/Outsider-Dilemma, das sich dann ergibt, wenn sich Arbeitslose nicht mehr mit dem gleichen Gewicht am innergewerkschaftlichen Meinungsbildungs- und Entscheidungsprozess beteiligen können wie Nichtarbeitslose.[1]

---

[1] Dieser Ansatz wurde insbesondere von Lindbeck und Snower entwickelt und wird umfassend dargestellt in Lindbeck und Snower (1989).

2. Ob steigende Reallohnzuwachsraten zu mehr oder weniger Streiks führen, ist grundsätzlich offen. Wenn die Gewerkschaftsmitglieder aber einen hohen Reallohnzuwachs *heute* als Indiz für schnelles Wachstum und hohe Einkommensverbesserungsmöglichkeiten *morgen* nehmen, wachsen Anspruchsniveau und Streikvolumen mit zunehmenden Reallohnzuwachsraten.

3. Mehr Streiks bewirken auch höhere Reallohnsteigerungen. Zusammen mit dem unter 2. beschriebenen partiellen Effekt eröffnet dies die Möglichkeit einer instabilen Entwicklung, in deren Verlauf Reallohnwachstumsraten und Streiktätigkeit sich gegenseitig hochschaukeln. Selbst unter der Annahme einer Stabilität erzeugenden Koeffizientenkonstellation ergibt sich komparativ-statisch eine Vielzahl von Reaktionsmustern. Ausgeschlossen ist nur, dass eine Zunahme der Arbeitslosigkeit zu abebbender Streiktätigkeit bei gleichzeitig steigenden Reallohnzuwachsraten führt. Alle anderen kombinatorisch möglichen Konsequenzen können auftreten.

Testet man die formulierten Hypothesen mit bundesdeutschen Daten für den Zeitraum 1952-1983, stützen die Ergebnisse das postulierte Modell. Nach Quantifizierung der Zusammenhänge ergibt sich nun, dass im betrachteten Zeitraum eine Erhöhung der Arbeitslosenquote auf lange Sicht die Reallohnzuwachsrate senkt und das Arbeitskonfliktniveau erhöht.

Die ermittelten empirischen Erklärungen der Ursachen und Konsequenzen der Streiktätigkeit erweisen sich als sehr robust. Sie widersprechen allerdings der Hypothese, das Anspruchs- respektive Erwartungsverhalten der Gewerkschaftsmitglieder ergebe sich aus einer rationalen Kenntnis der effektiven Möglichkeiten. Immerhin führen zeitreihenanalytische Ansätze zum Schluss, dass die Mitgliederaspirationen wenigstens schwach rational in dem Sinne sind, dass sie vergangene Streikdaten verarbeiten.

Das Erklärungsniveau der gefundenen Streikerklärung bleibt mit rund 50 Prozent eher bescheiden. Dies ist auch deshalb unbefriedigend, weil sich ja im Lohnbereich, ganz im Sinne der Gewerkschafts-Push-Hypothese, eine positive Reaktion der Lohnzuwachsraten auf eskalierende Arbeitskonfliktvolumen zeigt und deshalb eine verlässliche Streikerklärung für eine gute Lohn- und Preisinflationsprognose hilfreich sein könnte. Hier führen allerdings selbst zeitreihenanalytische Ansätze nicht weiter, da sich aus Autokorrelationsfunktionen und partiellen Autokorrelationsfunktionen kein Hinweis auf ein in den untersuchten Reihen selbst steckendes Prognosepotential ergibt und auch die Strategie des Overfitting erbringt keine anderen Ergebnisse. Als sehr vielversprechend erweist sich allerdings der Versuch, Arbeitskonflikte als einen von vielen, mit Messfehlern behafteten Indikatoren für ein latentes Konzept, die Gewerkschaftsmilitanz, zu betrachten. Spaltet man im Rahmen von MIMIC-Ansätzen die Streiktätigkeit in einen mit der Gewerkschaftsmilitanz korrelierten Kern und einen Messfehler auf, so erklärt das postulierte Modell diesen Kern mit einem Bestimmtheitsmass von über 90 Prozent. Ausserdem gelingt es hier, in pragmatischer Ergänzung des ursprünglichen Modells, die Rolle der Regierungsideologie und des industriellen Wandels im kollektiven Lohnbildungsprozess herauszuarbeiten.

Will man makroökonomisch tragfähige Schlussfolgerungen ziehen, kann sich die empirische Analyse aus zwei Gründen nicht mit der Betrachtung von Kollektivverhandlungen allein zufrieden geben: Zum einen wird bei Tarifverhandlungen eigentlich nur über einen für die Wirtschaft zentralen *Preis*, den ex-ante-Reallohn, verhandelt, während die Produktions- oder Beschäftigungs*menge* als Datum betrachtet wird. Zum anderen wird selbst dieser hier im politischen Verhandlungsprozess zwischen Gewerkschaften und Arbeitgebern bestimmte Preis, der Tariflohn, vom Markt modifiziert und in einen Effektivlohn umgewandelt. Im Sinne der letzten Überlegung werden Lohndriftgleichungen geschätzt, aus denen sich ergibt, dass die Effektivlöhne immer dann langsamer als die Tariflöhne wachsen, wenn sich die Arbeitsmarktsituation verschlechtert. Bei konstanter Arbeitslosenquote, gleich auf welchem Niveau, wachsen Tarif- und Effektivlöhne dagegen synchron.

Die makroökonomischen Mengenreaktionen werden mittels einer Bestimmungsgleichung für die Arbeitslosenquote abgebildet. Als zentrales und robustes Ergebnis zeigt sich, dass Mengenreaktionen viel länger brauchen als Reaktionen im Preisbereich. Als treibende Kraft hinter der Entwicklung der Arbeitslosenquote entpuppt sich die Wachstumsrate der Lohnstückkosten und die Wachstumsrate des kaufkraftbereinigten Rohölpreises. Ansatzpunkte für konjunkturpolitische Massnahmen sind empirisch nur für die Geldpolitik festzustellen. Da laufende und verzögerte Geldmengenänderungen sämtlich mit negativen Vorzeichen wirken und sich somit diese Koeffizienten nicht zu Null aufaddieren, widerspricht das ermittelte Ergebnis der Hypothese von der Existenz einer natürlichen Arbeitslosenquote. Verfeinert man den empirischen Ansatz, indem man versucht, zwischen erwarteten und unerwarteten Geldmengenänderungen zu unterscheiden, stellt man fest, dass die Arbeitslosenquote auch auf erwartete Geldmengenänderungen reagiert, was wiederum der Hypothese Rationaler Erwartungen widerspricht. Grundlage für die Trennung der Geldmengenänderungen in eine erwartete und eine unerwartete Komponente ist die Schätzung einer Reaktionsfunktion für die Bundesbank, gemäss welcher das Geldmengenwachstum bei zunehmender Arbeitslosigkeit zunimmt, Reallohnwachstum und das Wachstum des staatlichen Konsums akkommodiert, die Wechselkursentwicklung glättet und den Inflationsgefahren eines Ölpreisschocks gegensteuert.

Vom theoretischen Fundament her ist das entwickelte ökonomische Modell sehr unausgewogen. Während die verhandlungspolitische Lohnbestimmung den Intentionen dieses Buches entsprechend explizit aus dem nutzenmaximierenden Verhalten der beteiligten Akteure entwickelt wird, wird bei der Formulierung der Preisreaktionen des Marktes und der Megenreaktionen sehr pragmatisch vorgegangen und auf konventionelle und konsensträchtige Hypothesen zurückgegriffen.

Insgesamt ergibt sich ein empirisch leistungsfähiges Modell, welches makroökonomische Zusammenhänge aus einer unüblichen Perspektive darbietet. Im Zentrum steht hier nicht die gängige Trennung zwischen Angebots- und Nachfrageseite, sondern eine konzeptionelle Aufspaltung in Reaktionen im Preis- und im Mengenbereich. Der Preis für Arbeitsleistungen ist die schnelle Variable, die politisch bestimmt und vom Markt nur noch unbedeutend korrigiert wird. Die Mengenanpassungen dauern sehr lange und werden hier als Reaktion des Marktes auf primär aussermarktlich festgesetzte Löhne verstanden.

Die Aussage, die Reallohnentwicklung werde politisch bestimmt, ist allerdings zu relativieren, da natürlich auch die Tarifpartner auf Marktsignale reagieren. Allerdings tun sie dies nicht in gleicher Weise, wie das der Markt ohne zentralisierte Tarifverhandlungen tun würde. Ausserdem hängt die politische Variable im kollektiven Lohnbildungsprozess, die Streiktätigkeit, eben nicht nur von ökonomischen Grössen ab, sondern auch von strukturellen und politischen Grössen wie der ideologischen Provenienz der Bundesregierung und der industriellen Struktur. Da diese Grössen aber das Aspirationsverhalten der Gewerkschaftsmitglieder mitbestimmen, auf welches dann Gewerkschaftsführung und Arbeitgeber ihrerseits rational reagieren, ist auch der kollektive Lohnbildungsprozess endogenisiert und es gibt eigentlich keinen Ansatzpunkt für eine diskretionäre Lohnpolitik der Gewerkschaften. *Mit* Gewerkschaften und kollektiver Tariflohnbestimmung funktioniert eine Volkswirtschaft somit zwar anders als ohne Gewerkschaften, aber ein eigener, willkürlicher Einfluss der Gewerkschaften ist nicht festzustellen. Dies lässt natürlich auch das zugrundeliegende Verhandlungsmodell nicht zu. Dort sind ja die Mitgliederaspirationen durch die wirtschaftliche und politische Entwicklung endogen bestimmt und der innergewerkschaftliche politische Wettbewerb erlaubt es der Gewerkschaftsführung nicht, von diesen Mitgliedererwartungen abzuweichen.

Eine Schwäche des entwickelten makroökonomischen Modells besteht darin, dass die deutsche Wirtschaft nur sehr rudimentär als *offene* Wirtschaft modelliert wurde. Aussenwirtschaftliche Einflüsse ergeben sich über die Ölpreisentwicklung, die Wechselkursentwicklung und die Entwicklung des ausländischen Preisniveaus, und diese Faktoren werden als exogen betrachtet. Dies ist schätztechnisch unproblematisch, da in Zweifelsfällen auf Instrumentalvariablen zurückgegriffen wurde, vernachlässigt aber doch die mittel- und langfristige Reaktion des realen Wechselkurses auf

Änderungen der Geldpolitik.[2] Bei Berücksichtigung dieses Überschiessens des Wechselkurses, das man auch in vielen historischen Fällen aus der langsamen Reaktion der Güterpreise und adaptiven Geldmengenerwartungen erklären kann,[3] würden sich die dynamischen Reaktionen gegenüber den in Kapitel 12 dargestellten Simulationen wohl doch verändern. Ein Umschwenken der Geldpolitik auf einen expansiven Kurs würde dann die Wirtschaft nur noch partiell stimulieren, da gleichzeitig eine Abwertung und Unterbewertung mit dämpfendem Einfluss auf die Konjunktur erzeugt würde. Der Nettoeffekt müsste letztlich quantitativ bestimmt werden.

Generell konzentriert sich dieses Buch primär auf realwirtschaftliche Zusammenhänge und ihre in der Interaktion zwischen Güter- und Arbeitsmarkt liegenden Ursachen. Die Rolle des monetären Sektors tritt damit zwangsläufig in den Hintergrund, und auf die Analyse nominaler Grössen muss bewusst ganz verzichtet werden. Letzteres ist sicher bedauerlich und eine gewisse Schwäche des entwickelten Modells, denn damit ist z.B. eine Analyse des Inflationsproblems nicht mit der ihm gebührenden Sorgfalt möglich. Dies ist aber ein eher niedriger Preis dafür, dass ein vertieftes und theoretisches Neuland betretendes Verständnis der Rolle von Arbeitskonflikten in zentralisierten Arbeitsmärkten gewonnen wurde, mit Hilfe dessen, in Verbindung mit einem kleinen ökonometrischen Modell, die stilisierten Fakten der Entwicklung der westdeutschen Wirtschaft nach dem 2. Weltkrieg erklärt werden können.

---

[2] Bernholz (1982) hat anhand einer Vielzahl historischer Fallstudien demonstriert, dass Unterschiede in der Geldmengenentwicklung zwischen In- und Ausland regelmässig zu ausgeprägten und oft mehreren Jahren anhaltenden Über- oder Unterbewertungen führen.

[3] Siehe Bernholz, Gärtner und Heri (1985).

Anhang 1: Definition und Datenquellen zu den Teilen 3 und 4

In den Teilen 3 und 4 gelten folgende *Definitionen:*

$$c^s \equiv c^{s,n} - p$$

$$e \equiv e^n + p^* - p$$

$$\Delta I \equiv I_t - I_{t-1}$$

$$p^{öl} \equiv e^n + p^{öl,\$} - p$$

$$r^E \equiv w^E - p$$

$$r^T \equiv w^T - p$$

$$S \equiv S^T / A$$

$$\Delta T \equiv T_t - T_{t-1}$$

$$x \equiv y^{BIP} - h$$

Soweit auf der rechten Seite der Definitionszeichen Variablen mit Kleinbuchstaben bezeichnet sind, handelt es sich um die Wachstumsrate der mit dem entsprechenden Grossbuchstaben zu kennzeichnenden Niveauvariable. So ist p z.B. die Wachstumsrate des Preisniveaus P.

Die präzisen Bezeichnungen und Quellen aller verwendeten Niveauvariablen lauten wie folgt:

A - Abhängige Erwerbstätige, alle Wirtschaftsbereiche. Quelle: Statistisches Jahrbuch der Bundesrepublik Deutschland.

$C^{s,n}$ - Staatlicher Konsum (in Mrd. DM). Quelle: International Financial Statistics, Zeile 91f.c.

E^n - Wechselkurs (DM pro US-Dollar). Quelle: International Financial Statistics, Zeile af.

G - Regierungsdummy. Misst den Teil eines Jahres, in dem die deutsche Bundesregierung von der Sozialdemokratischen Partei Deutschlands geführt wurde.

H - Arbeitsvolumen in Millionen Stunden. Quellen: Deutsches Institut für Wirtschaftsforschung. Vierteljährliche Volkswirtschaftliche Gesamtrechnung, Sozialprodukt und Einkommenskreislauf; Deutsches Institut für Wirtschaftsforschung. Vierteljährliche Volkswirtschaftliche Gesamtrechnung. Bundesrepublik ohne Saarland und Berlin, 1950-1960.

I - Anteil der Erwerbstätigen im Produzierenden Gewerbe an der Gesamtzahl der Erwerbstätigen. Quelle: Statistisches Jahrbuch der Bundesrepublik Deutschland.

M - Geldmenge in der Definition M1. Jahresdurchschnitt aus 12 Monatsendwerten (implizierter Lag von 2 Wochen). Quelle: International Financial Statistics, Zeile 34.

P - Konsumentenpreise in der Bundesrepublik Deutschland. Quelle: International Financial Statistics, Zeile 64.

P* - Konsumentenpreise in den USA. Quelle: International Financial Statistics, Zeile 64.

$P^{öl,\$}$ - Preis für Petroleum (US-Dollar pro Barrel), Saudi Arabia, Quelle: International Financial Statistics, Commodity Price Index, Zeile 76aa.

S^T - Verlorene Arbeitstage durch Streiks und Aussperrungen. Quelle: Statistisches Jahrbuch der Bundesrepublik Deutschland.

T - Zahl der Mitglieder des Deutschen Gewerkschaftsbundes. Quelle: Statistisches Jahrbuch der Bundesrepublik Deutschland.

U - Arbeitslosenquote. Anteil der Arbeitslosen an den abhängigen Erwerbspersonen. Quelle: Sachverständigenrat (1987).

W^E - Index der durchschnittlichen Bruttostundenverdienste in der Industrie. Quelle: Statistisches Jahrbuch der Bundesrepublik Deutschland. Tabelle 21.1.

W^T - Index der tariflichen Stundenlöhne für Männer. Quelle: Statistisches Bundesamt, Fachserie 16, Löhne und Gehälter, Reihe 4.3.

Y - Bruttosozialprodukt in Preisen von 1980. Quelle: International Financial Statistics, Zeile 99a.r.

Y^{BIP} - Bruttoinlandsprodukt. Quelle: Statistisches Jahrbuch der Bundesrepublik Deutschland.

Anhang 2: Der LISREL-Ansatz

Gerade in der Ökonomie erfolgt die explizite Berücksichtigung von Messfehlern und von mehreren Indikatoren für latente Konzepte bei empirischen Untersuchungen noch relativ selten. Dieser Anhang enthält deshalb eine knappe Darstellung des den Militanzmodellen in Kapitel 10 zugrundeliegenden allgemeinen Modells, welches auf Jöreskog und Goldberger (1975) zurück geht. Darstellung und Symbolik stützen sich auf das Handbuch von Jöreskog und Sörbom (1981) zu ihrem Schätzprogramm LISREL sowie auf Bollen (1988).

LISREL ist ein Acronym für Linear Structural Relations und beschreibt deshalb lineare Strukturgleichungen. Im Gegensatz zu ökonometrischen Standardverfahren lässt LISREL aber nicht nur Fehler in den Strukturgleichungen zu, sondern auch Fehler bei der Messung von Variablen. Dem Rechnung tragend besteht LISREL aus einem Strukturmodell und einem Messmodell. Das *Strukturmodell* lautet

$$(I - B)\eta = \Gamma\xi + \zeta$$

wobei

η = Vektor latenter endogener Variablen
ξ = Vektor latenter exogener Variablen
ζ = Vektor der Schätzfehler
I = Einheitsmatrix
B = Koeffizientenmatrix der latenten endogenen Variablen
Γ = Koeffizienten der latenten exogenen Variablen

Angenommen wird, dass $E(\eta) = E(\xi) = E(\zeta) = 0$, dass I-B nichtsingulär ist und dass die Erklärungsvariablen ξ nicht mit den Schätzfehlern ζ korreliert sind.

Das *Messmodell* postuliert lineare Beziehungen zwischen den latenten Variablen des Strukturmodells und beobachtbaren Indikatoren:

$$x = \Lambda_x \xi + \delta$$
$$y = \Lambda_y \eta + \varepsilon$$

Es gilt

x = Vektor der beobachtbaren Indikatoren für ξ
y = Vektor der beobachtbaren Indikatoren für η
ε = Messfehler für y
δ = Messfehler für x
Λ_x = Koeffizientenmatrix
Λ_y = Koeffizientenmatrix

Hier wird zusätzlich unterstellt, dass $E(\delta) = E(\varepsilon) = 0$. Da für das Strukturmodell $E(\eta) = E(\xi) = 0$ unterstellt wurde, impliziert dies, dass alle Indikatoren als Abweichung von ihren Mittelwerten gemessen werden. Angenommen wird weiter, dass die Messfehler δ und ε nicht mit den latenten Variablen η und ξ und den Schätzfehlern ζ korreliert sind.

Bezeichnet man die Matrizen der Kovarianzen von ξ, ζ, ε und δ mit Φ, Ψ, Θ_ε respektive Θ_δ, dann ergibt sich die Kovarianzmatrix Σ von $z = (y', x')'$ als

$$\Sigma = \begin{pmatrix} \Lambda_y (I-B)^{-1} (\Gamma\Phi\Gamma' + \Psi)(I-B')^{-1} \Lambda_y + \Theta_\varepsilon & \Lambda_y (I-B)^{-1} \Gamma\Phi\Lambda_x' \\ \Lambda_x \Phi\Gamma'(I-B')^{-1} \Lambda_y' & \Lambda_x \Phi\Lambda_x' + \Theta_\delta \end{pmatrix}$$

Maximum-Likelihood-Schätzungen der Strukturkoeffizienten und der Varianzen der Schätz- und Messfehler erhält man durch Minimierung der Funktion

$$F = \log|\Sigma| - \log|Z| + tr(Z\Sigma^{-1}) - p + q,$$

wobei Z die Kovarianzmatrix der Stichprobe ist, p die Zahl der Indikatoren für die latenten endogenen und q für die latenten exogenen Variablen.

LITERATUR

Aigner, Dennis J. (1984). Latent Variable Models in Econometrics. In: Zvi Griliches and Michael D. Intriligator (Hrsg.), *Handbook of Econometrics*. Vol.II. Amsterdam: North-Holland.

Aktionsprogramm des DGB (1965). *Gewerkschaftliches Monatsheft* 16, 257ff.

Argy, V. (1982). Exchange-Rate Management in Theory and Practice. *Princeton Studies in International Finance* 50. Princeton: University Press.

Ashenfelter, Orley und George E. Johnson (1969). Bargaining Theory, Trade Unions, and Industrial Strike Activity. *American Economic Review* 59, 35-49.

Barro, Robert J. (1977). Unanticipated Money Growth and Unemployment in the United States. *American Economic Review* 67, 101-115.

Barro, Robert J. (1978). Unanticipated Money, Output, and the Price Level in the United States. *Journal of Political Economy* 86, 549-580.

Barro, Robert J. und Mark Rush (1986). Unanticipated Money and Economic Activity. In: Stanley Fischer (Hrsg.). *Rational Expectations and Economic Policy*. Chicago: University of Chicago Press for the National Bureau of Economic Research, 23-48.

Bergmann, J., O. Jacobi und W. Müller-Jentsch (1979). *Gewerkschaften in der Bundesrepublik.* Band 1: Gewerkschaftliche Lohnpolitik zwischen Mitgliederinteressen und ökonomischen Systemzwängen. Frankfurt: Campus Verlag.

Bernholz, Peter (1982). Flexible exchange rates in historical perspective, Princeton Studies in International Finance 49.

Bollen, Kenneth A. (1988). Structural equations with latent variables. John Wiley.

Box, George E.P. und Gwilym M. Jenkins (1976). *Time Series Analysis: Forecasting and Control.* Revised Edition. San Francisco: Holden-Day.

Caves, D. und E. Feige (1980). Efficient Foreign Exchange Markets and the Monetary Approach to Exchange Rate Determination. *American Economic Review* 70, 120-134.

Chiang, Alpha C. (1985). *Fundamental Methods of Mathematical Economics*. Auckland et al.; McGraw-Hill, 3. Auflage.

Cooley, Thomas F. und Stephen F. LeRoy (1985). Atheoretical Macroeconometrics. A Critique. *Journal of Monetary Economics* 16, 283-308.

Cross, Rod (Hrsg.) (1988). *Unemployment, Hysteresis and the Natural Rate Hypothesis.* Oxford; Basil Blackwell.

Demery, D., Duck, N.W. und S.W. Musgrave (1984). Unanticipated Money Growth, Output and Employment in West Germany, 1964-1981. *Weltwirtschaftliches Archiv* 120, 244-255.

Dogas, D. und A.G. Hines (1975). Trade Unions and Wage Inflation in the United Kingdom: A Critique of Purdy and Zis. *Applied Economics* 7, 195-211.

Dornbusch, Rudiger (1980). Exchange Rate Economics: Where Do We Stand? *Brookings Papers on Economic Activity*, 143-185.

Dunlop, J.T. (1950). *Wage Determination under Trade Unions*. New York: Kelley.

Fama, E.F. (1970). Efficient Capital Markets: A Review of Theory and Empirical Work. *Journal of Finance* 84, 1161-1176.

Fautz, Wolfgang (1979). Gewerkschaften, Streikaktivität und Lohninflation mit empirischen Ergebnissen für die Bundesrepublik Deutschland, 1952-1977. *Zeitschrift für die gesamte Staatswissenschaft* 135, 605-628.

Fautz, Wolfgang (1980). Autonome Lohnpolitik, gewerkschaftlicher Organisationsgrad und Inflation - eine empirische Studie für die Bundesrepublik Deutschland, 1952-1977. *Jahrbuch für Sozialwissenschaft* 31, 228-252.

Franzosi, Roberto (1980). Strikes in Italy: An Exploratory Data Analysis. *Rivista di Politica Economica*, Selected Papers, LXX-3rd Series, Supplement to No. XII.

Frey, Bruno S. und Friedrich Schneider (1981). Central Bank Behavior, A Positive Empirical Analysis. *Journal of Monetary Economics* 7, 291-315.

Frey, Bruno S. und Friedrich Schneider (1979). An Econometric Model with an Endogenous Government Sector. *Public Choice* 34, 29-43.

Gahlen, Bernhard und Markus Sailer (Hrsg.) (1985). *Macroeconometric Modelling of the West German Economy*. Berlin: Ed. Sigma Bohn.

Gandolfo, Giancarlo (1980). *Economic Dynamics: Methods and Models*. Amsterdam: North-Holland.

Gärtner, Manfred (1983). Causality Patterns in Aggregate Labor Markets: A Statistical Analysis of West German Data. *Empirical Economics* 8, Nr. 3-4, 229-245.

Gärtner, Manfred (1985a). Political and Industrial Change in a Model of Trade Union Militancy and Real Wage Growth. *Review of Economics and Statistics* 67, 322-327.

Gärtner, Manfred (1985b). Strikes and the Real Wage-Employment Nexus: A Hicksian Analysis of Industrial Disputes and Pay. *Journal of Labor Research* 6, 323-336.

Gärtner, Manfred und Erwin W. Heri (1986). Causes and Consequences of Labor Militancy or The Common Factor in Industrial Conflict and Unionization Dynamics. *Rivista Internazionale di Scienze Economiche e Commerciali* (International Review of Economics and Business) 33, 1185-1205.

Gärtner, Manfred (1987). Intervention Policy Under Floating Exchange Rates: An Analysis of the Swiss Case. *Economica* 54, 439-453.

Gerfin, H. (1969). Ausmass und Verteilung der Lohndrift. In: H. Ard (Hrsg): *Lohnpolitik und Einkommensverteilung*. Schriften des Vereins für Sozialpolitik, N.F., Bd. 51. Berlin: Duncker und Humblot.

Greenhalg, C.A., Layard, P.R.G. und A.J. Oswald (Hrsg.) (1983). *The Causes of Unemployment*. Oxford: Clarendon Press.

Hansen, G. (1986). Der konjunkturelle Einfluss der Geld- und Fiskalpolitik in der Bundesrepublik 1972-1982. Eine ökonomische Analyse unter rationalen Erwartungen. *Kyklos* 39, 180-208.

Hibbs, Douglas A. (1976). Industrial Conflict in Advanced Industrial Societies. *American Political Science Review* 70, 1033-1058.

Hicks, John R. (1932). *The Theory of Wages*. London: Macmillan (2. Auflage 1963).

Hines, A.G. (1964). Trade Unions and Wage Inflation in the United Kingdom 1893-1961. *Review of Economic Studies* 31, 221-252.

Hines, A.G. (1969). Wage Infaltion in the United Kingdom 1948-1962: A Disaggregated Study. *Economic Journal* 79, 66-89.

Hirsch, Barry T. und John T. Addison (1986). *The Economic Analysis of Unions. New Approaches and Evidence*. Boston: Allen & Unwin.

Holden, Steinar (1989). Wage Drift in Norway: A Bargaining Approach. University of Stockholm, Institute for International Economic Studies, Seminar Paper No. 438.

Holmlund, Bertil und Per Skedinger (1988). Wage Bargaining and Wage Drift: Evidence from the Swedish Woods Industry. *Seminar Paper* No. 419, Institute for International Economic Studies, University of Stockholm.

Honegger, Ralph (1988). *Währungspolitik bei flexiblen Wechselkursen: Eine positive Analyse des Interventionsverhaltens der Schweiz, der Bundesrepublik Deutschland, Englands, Japans und Kanadas*. Dissertation, Universität Basel.

Jackson, Michael P. (1987). *Strikes. Industrial Conflict in Britain, U.S.A. and Austria*. New York: St. Martin's Press.

Jöreskog, Karl G. und Arthur S. Goldberger (1975). Estimation of a Model with Multiple Indicators and Multiple Causes of a Single Latent Variable. *Journal of the American Statistical Association* 70, 631-639.

Jöreskog, Karl G. und Dag Sörbom, LISREL V - Analysis of Linear Structural Relations by the Method of Maximum Likelihood (Chicago: International Educational Services, 1981).

Kahn, George A. (1984). International Differences in Wage Behavior: Real, Nominal, or Exaggerated? *American Economic Review*. Papers and Proceedings 74, 155-159.

Kerr, C. (1948). *Economic Analysis and the Study of Industrial Relations*. Proceedings of the 3rd Annual Conference on Training and Research in Industrial Relations. University of Minnesota Press.

Kirchgässner, Gebhard (1981). *Einige neuere statistische Verfahren zur Erfassung kausaler Beziehungen zwischen Zeitreihen - Darstellung und Kritik*. Göttingen: Vandenhoeck und Rupprecht.

Laidler, David und David L. Purdy (Hrsg.) (1974). *Inflation and Labor Markets*. Manchester

Lindbeck, A. und D. Snower (1989). The Insider-Outsider Theory of Employment and Unemployment. Cambridge, MA: MIT Press.

Longworth, D. (1980). Canadian Intervention in the Foreign Exchange Market: A Note. *Review of Economics and Statistics* 66, 284-287.

Minford P. und D. Peel (1983). Rational Expectations and the New Macroeconomics. Oxford.

Mishkin, Frederic S. (1983). *A Rational Expectations Approach to Macroeconometrics: Testing Policy Ineffectiveness and Efficient-Markets Models*. Chicago: University of Chicago Press.

Mulvey, Charles (1978). *The Economic Analysis of Trade Unions*. Oxford: Robertson.

Naylor, T.H., T.G. Seaks und D.W. Wichern (1972). Box-Jenkins Methods: An Alternative to Econometric Models. *International Statistical Review* 40.

Nelson, C.R. (1972). The Prediction Performance of the FRB-MIT-PENN Model of the U.S. Economy. *American Economic Review* 62.

Nelson, C.R. (1973). *Applied Time Series*. San Francisco: Holden-Day.

Neumann, Manfred J.M. (1984). Auf der Suche nach der Interventionsfunktion der Deutschen Bundesbank. In: W. Ehrlicher und H. Richter (Hrsg.). *Devisenmarktinterventionen der Zentralbanken*. Schriften des Vereins für Sozialpolitik, NF Bd. 139. Berlin: Duncker und Humblot.

Paldam, Martin und Peder J. Pedersen (1982). The Macro-Economic Strike Model: A Study of Seventeen Countries 1948 - 1975. Industrial and Labor Relations Review 35, 504-521.

Peltzman, S. (1975). The effects of automobile safety regulation. *Journal of Political Economy* 83, 239-256.

Pindyck, Robert S. und Daniel L. Rubinfeld (1981). *Econometric Models and Econometric Forecasts*. 2. Auflage. New York: Mc Graw-Hill.

Purdy, David L. und George Zis (1974). On the Concept and Measurement of Trade Unions Militancy. In: David Laidler und David L. Purdy (Hrsg.) *Inflation and Labour Markets*. Manchester, 61-78.

Quirk, P.J. (1977). Exchange Rate Policy in Japan: Leaning Against the Wind. *IMF Staff Papers* 24, 642-664.

Rees, A. (1962). *The Economics of Trade Unions*. Chicago: University of Chicago Press.

Robinson, Derek (1986). *Monetarism and the Labour Market*. Oxford: Clarendon Press.

Ross, A. (1950). *Trade Union Wage Policy*. Berkeley: University of California Press.

Rush, Mark (1986). Unexpected Money and Unemployment: 1920 to 1983. *Journal of Money, Credit and Banking* 18, 259-274.

Schnabel, Claus (1989). *Zur ökonomischen Analyse der Gewerkschaften in der Bundesrepublik Deutschland. Theoretische und empirische Untersuchungen von Mitgliederentwicklung, Verhalten und Einfluss auf wirtschaftliche Grössen*. Hohenheimer Volkswirtschaftliche Schriften, Band 10. Frankfurt am Main: Verlag Peter Lang.

Shorter, E. und C. Tilly (1971). The shape of strikes in France 1830-1960. *Comparative Studies in Society and History* 13, 60-86.

Siebert, W. Stanley und John T. Addison (1981). Are Strikes Accidental? *Economic Journal* 91, 389-404.

Steinhaus, Kurt (1975). *Streiks in der Bundesrepublik 1966-1974*. Frankfurt am Main: Verlag Marxistische Blätter.

Uebe, Götz (1985). Some Issues Related to Model-Building for the Federal Republic of Germany. In: Bernhard Gahlen und Markus Sailer (Hrsg.). *Macroeconometric Modelling of the West German Economy*. Berlin: Ed. Sigma Bohn, 33-49.

Vandercamp, J. (1976). Economic Activity and Strikes in Canada. *Industrial Relations* 9, 215-230.

Working, Holbrook (1960). *Note on the Correlation of First Differences in a Random Chain*, Econometrica 28, 916-918.

Zeuthen, F. (1930). *Problems of Monopoly and Economic Warfare*. London.

Studies in Contemporary Economics

W. Gebauer, Realzins, Inflation und Kapitalzins. XVI, 261 Seiten. 1982.

Philosophy of Economics. Proceedings, 1981. Edited by W. Stegmüller, W. Balzer and W. Spohn. VIII, 306 pages. 1982.

W. Gaab, Devisenmärkte und Wechselkurse. VII, 305 Seiten. 1983.

B. Hamminga, Neoclassical Theory Structure and Theory Development. IX, 174 pages. 1983.

J. Dermine, Pricing Policies of Financial Intermediaries.VII, 174 pages. 1984.

I. Böbel, Wettbewerb und Industriestruktur. XIV, 336 Seiten. 1984.

Beiträge zur neueren Steuertheorie. Herausgegeben von D. Bös, M. Rose und Ch. Seidl. V, 267 Seiten. 1984.

Economic Consequences of Population Change in Industrialized Countries. Proceedings. 1983. Edited by G. Steinmann. X, 415 pages. 1984.

R. Holzmann, Lebenseinkommen und Verteilungsanalyse. IX, 175 Seiten. 1984.

Problems of Advanced Economies. Proceedings, 1982. Edited by N. Miyawaki. VI, 319 pages. 1984.

Studies in Labor Market Dynamics. Proceedings, 1982. Edited by G. R. Neumann and N. C. Westergård-Nielsen. X, 285 pages. 1985.

Schumpeter oder Keynes? Herausgegeben von D. Bös und H.-D. Stolper. IX, 176 Seiten. 1984.

G. Illing, Geld und asymmetrische Information. VI, 148 Seiten. 1984.

B. Genser, Steuerlastindizes. X, 225 Seiten. 1985.

The Economics of the Shadow Economy. Proceedings, 1983. Edited by W. Gaertner and A. Wenig. XIV, 214 Seiten. 1985.

K. Pohmer, Mikroökonomische Theorie der personellen Einkommens- und Vermögensverteilung. IX, 214 Seiten. 1985.

K. Conrad, Produktivitätslücken nach Wirtschaftszweigen im internationalen Vergleich. VII, 165 Seiten. 1985.

K. F. Zimmermann, Familienökonomie. XII, 423 Seiten. 1985.

H. J. Schalk, Differenzierte Globalsteuerung. IX, 319 Seiten. 1985.

A. Pfingsten, The Measurement of Tax Progression. VI, 131 pages. 1986.

T. M. Devinney, Rationing in a Theory of the Banking Firm. VI, 102 pages. 1986.

Causes of Contemporary Stagnation. Proceedings, 1984. Edited by H. Frisch and B. Gahlen. IX, 216 pages. 1986.

Ch. M. Jäggi, Die Makroökonomik von J. M. Keynes. XIII, 278 Seiten. 1986.

L. N. de Matos Pimentão, Anwendungen der Variationsrechnung auf makroökonomische Modelle. X, 220 Seiten. 1986.

E. W. Heri, Die Geldnachfrage. XI, 226 Seiten. 1986.

H. J. Ramser, Beschäftigung und Konjunktur. VIII, 329 Seiten. 1987.

M. Bösch, Umverteilung, Effizienz und demographische Abhängigkeit von Rentenversicherungssystemen. VII, 209 Seiten. 1987.

E. Baltensperger, H. Milde, Theorie des Bankverhaltens. X, 286 Seiten. 1987.

U. Ebert, Beiträge zur Wohlfahrtsökonomie. V, 198 Seiten. 1987.

I. Böbel, Eigentum, Eigentumsrechte und institutioneller Wandel. XI, 360 Seiten. 1988.

K. E. Schenk, New Institutional Dimensions of Economics. IX, 196 pages. 1988.

S. Homburg, Theorie der Alterssicherung. VI, 153 Seiten. 1988.

Fortsetzung auf Seite 171

Studies in Contemporary Economics

H. G. Zimmermann, Privates Sparen versus Sozialversicherung. IV, 114 Seiten. 1988.

O. Flaaten, The Economics of Multispecies Harvesting. VII, 162 pages. 1988.

H. Siebert (Hrsg.), Umweltschutz für Luft und Wasser. VIII, 254 Seiten. 1988.

H. Schäfer, Währungsqualität, asymmetrische Information und Transaktionskosten. XIV, 330 Seiten. 1988.

O. Šik, R. Höltschi, Ch. Rockstroh. Wachstum und Krisen. XII, 331 Seiten. 1988.

D. Laussel, W. Marois, A. Soubeyran, (Eds.), Monetary Theory and Policy. XVIII, 383 pages. 1988.

G. Rübel, Factors Determining External Debt. VI, 264 pages. 1988.

G. Steinmann, K. F. Zimmermann, G. Heilig (Hrsg.), Probleme und Chancen demographischer Entwicklung in der dritten Welt. XII, 315 Seiten. 1988.

W. Kürsten, Secondhand-Märkte, Marktmacht und geplante Obsoleszenz. X, 220 Seiten. 1988.

Ch. Seidl (Hrsg.), Steuern, Steuerreform und Einkommensverteilung. III, 97 Seiten. 1988.

M. Stadler, Marktstruktur und technologischer Wandel. XII, 203 Seiten. 1989.

J. Franke, Neue Makroökonomik und Außenhandel. XI, 436 Seiten. 1989.

B. C. J. van Velthoven, The Endogenization of Government Behaviour in Macroeconomic Models. XI, 367 pages. 1989.

P. Rosner, Verteilungskonflikte in Marktwirtschaften. Über Funktionen von Marktverbänden. VII, 151 Seiten. 1989.

G. Nakhaeizadeh, Neuklassische und Keynesianische Modelle. VIII, 251 Seiten. 1989.

W. Peters, Theorie der Renten- und Invaliditätsversicherung. X, 219 Seiten. 1989.

D. Lüdeke, W. Hummel, Th. Rüdel, Das Freiburger Modell. VI, 151 Seiten. 1989.

A. Wenig, K.F. Zimmermann (Eds.), Demographic Change and Economic Development. XII, 325 pages. 1989.

D. Suhr, The Capitalistic Cost-Benefit Structure of Money. X, 136 pages. 1989.

J.K. Brunner, Theory of Equitable Taxation. VIII, 217 pages. 1989.

P.S.A. Renaud, Applied Political Economic Modelling. XII, 246 pages. 1989.

E. van Imhoff, Optimal Economic Growth and Non-Stable Population. IX, 218 pages. 1989.

W. Pohlmeier, Simultane Probit- und Tobitmodelle. XII, 219 Seiten. 1989.

G. Wagner, N. Ott, H.-J. Hoffmann-Nowotny (Hrsg.), Familienbildung und Erwerbstätigkeit im demographischen Wandel. II, 337 Seiten. 1989.

M. Gärtner, Arbeitskonflikte in der Bundesrepublik Deutschland. XII, 169 Seiten. 1989.

GPSR Compliance

The European Union's (EU) General Product Safety Regulation (GPSR) is a set of rules that requires consumer products to be safe and our obligations to ensure this.

If you have any concerns about our products, you can contact us on ProductSafety@springernature.com

In case Publisher is established outside the EU, the EU authorized representative is:

Springer Nature Customer Service Center GmbH
Europaplatz 3
69115 Heidelberg, Germany

Batch number: 10844829

Printed by Printforce, the Netherlands